陳福成著

陳福成著作全編

第二十冊　尋找一座山

文史哲出版社印行

國家圖書館出版品預行編目資料

陳福成著作全編 / 陳福成著. -- 初版. --臺北市：文史哲,民 104.08
頁： 公分
ISBN 978-986-314-266-0（全套：平裝）

848.6 104013035

陳福成著作全編

第二十冊 尋找一座山

著 者：陳 福 成
出版者：文 史 哲 出 版 社
http://www.lapen.com.tw
登記證字號：行政院新聞局版臺業字五三三七號
發行人：彭 正 雄
發行所：文 史 哲 出 版 社
印刷者：文 史 哲 出 版 社
臺北市羅斯福路一段七十二巷四號
郵政劃撥帳號：一六一八〇一七五
電話886-2-23511028 · 傳真886-2-23965656

全 80 冊定價新臺幣 36,800 元

二〇一五年（民一〇四）八月初版

ISBN 978-986-314-266-0 08981

陳福成著作全編總目

壹、兩岸關係

①決戰閏八月
②防衛大台灣
③解開兩岸十大弔詭
④大陸政策與兩岸關係

貳、國家安全

⑤國家安全與情治機關的弔詭
⑥國家安全與戰略關係
⑦國家安全論壇。

參、中國學四部曲

⑧中國歷代戰爭新詮
⑨中國近代黨派發展研究新詮
⑩中國政治思想新詮
⑪中國四大兵法家新詮：孫子、吳起、孫臏、孔明

肆、歷史、人類、文化、宗教、會黨

⑫神劍與屠刀
⑬中國神譜
⑭天帝教的中華文化意涵
⑮奴婢妾匪到革命家之路：復興廣播電台謝雪紅訪講錄
⑯洪門、青幫與哥老會研究

伍、詩〈現代詩、傳統詩〉、文學

⑰幻夢花開一江山
⑱赤縣行腳・神州心旅
⑲「外公」與「外婆」的詩
⑳尋找一座山
㉑春秋記實
㉒性情世界
㉓春秋詩選
㉔八方風雲性情世界
㉕古晟的誕生
㉖把腳印典藏在雲端
㉗從魯迅文學醫人魂救國魂說起
㉘六十後詩雜記詩集

陸、現代詩（詩人、詩社）研究

㉙三月詩會研究
㉚我們的春秋大業：三月詩會二十年別集
㉛中國當代平民詩人王學忠
㉜讀詩稗記
㉝嚴謹與浪漫之間
㉞一信詩學研究：解剖一隻九頭詩鵠
㉟囚徒
㊱胡爾泰現代詩臆說
㊲王學忠籲天詩錄

柒、春秋典型人物研究、遊記

㊳山西芮城劉焦智「鳳梅人」報研究
㊴在「鳳梅人」小橋上

㊵我所知道的孫大公
㊶為中華民族的生存發展進百書疏
㊷金秋六人行
㊸漸凍勇士陳宏

捌、小說、翻譯小說

㊹迷情・奇謀・輪迴、
㊺愛倫坡恐怖推理小說

玖、散文、論文、雜記、詩遊記、人生小品

㊻一個軍校生的台大閒情
㊼古道・秋風・瘦筆
㊽頓悟學習
㊾春秋正義
㊿公主與王子的夢幻、
(51)洄游的鮭魚
(52)男人和女人的情話真話
(53)台灣邊陲之美
(54)最自在的彩霞
(55)梁又平事件後

拾、回憶錄體

(56)五十不惑
(57)我的革命檔案
(58)台大教官興衰錄
(59)迷航記、
(60)最後一代書寫的身影
(61)我這輩子幹了什麼好事
(62)那些年我們是這樣寫情書的
(63)那些年我們是這樣談戀愛的
(64)台灣大學退休人員聯誼會第九屆理事長記實

拾壹、兵學、戰爭

(65)孫子實戰經驗研究
(66)第四波戰爭開山鼻祖賓拉登

拾貳、政治研究

(67)政治學方法論概說
(68)西洋政治思想史概述
(69)中國全民民主統一會北京行
(70)尋找理想國：中國式民主政治研究要綱

拾參、中國命運、喚醒國魂

(71)大浩劫後：日本311天譴說
日本問題的終極處理
(72)台大逸仙學會

拾肆、地方誌、地區研究

(73)台北公館台大地區考古・導覽
(74)台中開發史
(75)台北的前世今生
(76)台北公館地區開發史

拾伍、其他

(77)英文單字研究
(78)與君賞玩天地寬（文友評論）
(79)非常傳銷學
(80)新領導與管理實務

總序：陳福成的一部文史哲政兵千秋事業

陳福成先生，祖籍四川成都，一九五二年出生在台灣省台中縣。筆名古晟、藍天、司馬千、鄉下人等，皈依法名：本肇居士。一生除軍職外，以絕大多數時間投入寫作，範圍包括詩歌、小說、政治（兩岸關係、國際關係）、歷史、文化、宗教、哲學、兵學（國防、軍事、戰爭、兵法），及教育部審定之大學、專科（三專、五專）、高中（職）等各級學校國防通識（軍訓課本）十二冊。以上總計近百部著作，目前尚未出版者尚約二十部。

我的戶籍資料上寫著祖籍四川成都，小時候也在軍眷長大，初中畢業(民57年6月)，投考陸軍官校預備班十三期，三年後（民60）直升陸軍官校正期班四十四期，民國六十四年八月畢業，隨即分發野戰部隊服役，到民國八十三年四月轉台灣大學軍訓教官。到民國八十八年二月，我以台大夜間部（兼文學院）主任教官退休（伍），進入全職寫作高峰期。

我年青時代也曾好奇問老爸：「我們家到底有沒有家譜？」

他說：「當然有。」他肯定說，停一下又說：「三十八年逃命都來不及了，現在有個鬼啦！」

兩岸開放前他老人家就走了，開放後經很多連繫和尋找，真的連鬼都沒有了，茫茫無垠的「四川北門」，早已人事全非了。

但我的母系家譜卻很清楚，母親陳蕊是台中縣龍井鄉人。她的先祖其實來台不算太久，按家譜記載，到我陳福成才不過第五代，大陸原籍福建省泉州府同安縣六都施盤鄉馬巷。

第一代祖陳添丁、妣黃媽名申氏。從原籍移居台灣島台中州大甲郡龍井庄龍目井字水裡社三十六番地，移台時間不詳。陳添丁生於清道光二十年（庚子，一八四〇年）六月十二日，卒於民國四年（一九一五年），葬於水裡社共同墓地，坐北向南，他有二個兒子，長子昌，次子標。

第二代祖陳昌（我外曾祖父），生於清同治五年（丙寅，一八六六年）九月十四日，卒於民國廿六年（昭和十二年）四月二十二日，葬在水裡社共同墓地，坐東南向西北。陳昌娶蔡匏，育有四子，長子平、次子豬、三子波、四子萬芳。

第三代祖陳平（我外祖父），生於清光緒十七年（辛卯，一八九一年）九月二十五日，卒於（年略記）二月十三日。陳平娶彭宜（我外祖母），生光緒二十二年（丙申，一八九六年）六月十二日，卒於民國五十六年十二月十六日。他們育有一子五女，長子陳火，長女陳變、次女陳燕、三女陳蕊、四女陳品、五女陳鶯。

以上到我母親陳蕊是第四代，到筆者陳福成是第五代，與我同是第五代的表兄弟姊妹共三十二人，目前大約半數仍在就職中，半數已退休。

寫作是我一輩子的興趣，一個職業軍人怎會變成以寫作為一生志業，在我的幾本著作都詳述（如《迷航記》、《台大教官興衰錄》、《五十不惑》等」。我從軍校大學時代開始寫，從台大主任教官退休後，全力排除無謂應酬，更全力全心的寫（不含為教育部編著的大學、高中職《國防通識》十餘冊）。我把《陳福成著作全編》略為分類暨編目如下：

壹、兩岸關係

①《決戰閏八月》②《防衛大台灣》③《解開兩岸十大弔詭》④《大陸政策與兩岸關係》。

貳、國家安全

⑤《國家安全與情治機關的弔詭》⑥《國家安全與戰略關係》⑦《國家安全論壇》。

參、中國學四部曲

⑧《中國歷代戰爭新詮》⑨《中國近代黨派發展研究新詮》⑩《中國政治思想新詮》⑪《中國四大兵法家新詮：孫子、吳起、孫臏、孔明》。

肆、歷史、人類、文化、宗教、會黨

⑫《神劍與屠刀》⑬《中國神譜》⑭《天帝教的中華文化意涵》⑮《奴婢妾匪到革命家之路：復興廣播電台謝雪紅訪講錄》⑯《洪門、青幫與哥老會研究》。

伍、詩〈現代詩、傳統詩〉、文學

⑰《幻夢花開一江山》⑱《赤縣行腳・神州心旅》⑲《「外公」與「外婆」的詩》、⑳《尋找一座山》㉑《春秋記實》㉒《性情世界》㉓《春秋詩選》㉔《八方風雲性情世界》㉕《古晟的誕生》㉖《把腳印典藏在雲端》㉗《從魯迅文學醫人魂救國魂說起》㉘《60後詩雜記詩集》。

陸、現代詩（詩人、詩社）研究

㉙《三月詩會研究》㉚《我們的春秋大業：三月詩會二十年別集》㉛《中國當代平民詩人王學忠》㉜《讀詩稗記》㉝《嚴謹與浪漫之間》㉞《一信詩學研究：解剖一隻九頭詩鵠》㉟《囚徒》㊱《胡爾泰現代詩臆說》㊲王學忠籲天詩錄。

柒、春秋典型人物研究、遊記

㊳《山西芮城劉焦智「鳳梅人」報研究》㊴《在「鳳梅人」小橋上》㊵《我所知道的孫大公》㊶《孫大公思想主張手稿》㊷《金秋六人行》㊸《漸凍勇士陳宏》。

捌、小說、翻譯小說

㊹《迷情・奇謀・輪迴》㊺《愛倫坡恐怖推理小說》。

玖、散文、論文、雜記、詩遊記、人生小品

㊻《一個軍校生的台大閒情》㊼《古道・秋風・瘦筆》㊽《頓悟學習》㊾《春秋正義》㊿《公主與王子的夢幻》51《洄游的鮭魚》52《男人和女人的情話真話》53《台灣邊陲之美》54《最自在的彩霞》55《梁又平事件後》。

拾、回憶錄體

56《五十不惑》57《我的革命檔案》58《台大教官興衰錄》59《迷航記》60《最後一代書寫的身影》61《我這輩子幹了什麼好事》62《那些年我們是這樣寫情書的》63《那些年我們是這樣談戀愛的》64《台灣大學退休人員聯誼會第九屆理事長記實》。

拾壹、兵學、戰爭

65《孫子實戰經驗研究》66《第四波戰爭開山鼻祖賓拉登》。

拾貳、政治研究

(67)《政治學方法論概說》(68)《西洋政治思想概述》(69)《中國全民民主統一會北京行》(70)《尋找理想國：中國式民主政治研究要綱》。

拾參、中國命運、喚醒國魂

(71)《大浩劫後：日本 311 天譴說》、《日本問題的終極處理》(72)《台大逸仙學會》。

拾肆、地方誌、地區研究

(73)《台北公館台大地區考古・導覽》(74)《台中開發史》(75)《台北的前世今生》(76)《台北公館地區開發史》。

拾伍、其他

(77)《英文單字研究》(78)《與君賞玩天地寬》（別人評論）(79)《非常傳銷學》(80)《新領導與管理實務》。

我這樣的分類並非很確定，如《謝雪紅訪講錄》，是人物誌，但也是政治，更是歷史，說的更白，是兩岸永恆不變又難分難解的「本質性」問題。

以上這些作品大約可以概括在「中國學」範圍，如我在每本書扉頁所述，以「生長在台灣的中國人為榮」，以創作、鑽研「中國學」，貢獻所能和所學為自我實現的途徑，以宣揚中國春秋大義、中華文化和促進中國和平統一為今生志業，直到生命結束。我這樣的人生，似乎滿懷「文天祥、岳飛式的血性」。

抗戰時期，胡宗南將軍曾主持陸軍官校第七分校（在王曲），校中有兩幅對聯，一是「升官發財請走別路、貪生怕死莫入此門」，二是「鐵肩擔主義、血手寫文章」。前聯原在廣州黃埔，後聯乃胡將軍胸懷，「鐵肩擔主義」我沒機會，但「血手寫文章」的

「血性」俱在我各類著作詩文中。

人生無常，我到六十三歲之年，以對自己人生進行「總清算」的心態出版這套書。

回首前塵，我的人生大致分成兩個「生死」階段，第一個階段是「理想走向毀滅」，年齡從十五歲進軍校到四十三歲，離開野戰部隊前往台灣大學任職中校教官。第二個階段是「毀滅到救贖」，四十三歲以後的寫作人生。

「理想到毀滅」，我的人生全面瓦解、變質，險些遭到軍法審判，就算軍法不判我，我也幾乎要「自我毀滅」；而「毀滅到救贖」是到台大才得到的「新生命」，我積極寫作是從台大開始的，我常說「台大是我啟蒙的道場」有原因的。均可見《五十不惑》、《迷航記》等書。

我從年青立志要當一個「偉大的軍人」，為國家復興、統一做出貢獻，為中華民族的繁榮綿延盡個人最大之力，卻才起步就「死」在起跑點上，這是個人的悲劇和不智，正好也給讀者一個警示。人生絕不能在起跑點就走入「死巷」，切記！切記！讀者以我為鑒！在軍人以外的文學、史政有這套書的出版，也算是對國家民族社會有點貢獻，對自己的人生有了交待，這致少也算「起死回生」了！

順要一說的，我全部的著作都放棄個人著作權，成為兩岸中國人的共同文化財，而台北的文史哲出版有優先使用權和發行權。

這套書能順利出版，最大的功臣是我老友，文史哲出版社負責人彭正雄先生和他的夥伴們。彭先生對中華文化的傳播，對兩岸文化交流都有崇高的使命感，向他和夥伴致上最高謝意。

台北公館蟾蜍山萬盛草堂主人　陳福成　誌於二〇一四年
五月榮獲第五十五屆中國文藝獎章文學創作獎前夕

目次

【輯二：登山導論】／065

【輯四：茶山論道】

詩，沒有盡頭：序陳福成創作集

范揚松

熙攘車聲一句驚叫，路燈紛紛
探頭映照，你匆匆離去的足跡
孤獨，在喧嘩中寂寞地戀戀絮語
駭然驚覺手中的餘溫，頓已結冰
昨天喧囂的鑼鼓，在季節裏沈默
背影，時空壓縮後竟隱入體內
成蟲，日夜啃噬揮之不去的痛

（荒蕪阡陌，腳印丈量著千山萬水
指針的方位，叫不出城市的名字）

沿著思路，總在每個感官出口
找尋一處岩灣靠岸，逆流的水勢
翻飛記憶洶湧，如何在漂蕩中
擊住潛藏江底的暗礁，銘刻著
狂飆日子裏，青春不悔的祕語
我們用唇的熾熱，交互解讀著
身世，心悸的響聲追趕著血流
回首頻頻，時時警惕歧途險境
突然竄出的蛇蠍與埋伏的深淵
山窮天際，水複無路，苦—苦
思索；一個意像與韻腳如何安置
而蠱，肉身餵養多年後紛然欲動

（不設防的邊境，散落著愛情碎片
絲路，在華麗中黯然斑駁—褪色）

滾滾黃沙，撲擊頹廢已矣的城牆
你隱身別有洞天的石窟，鎮定如佛
我面壁十年，孜孜鉤勒光影的樣貌
午夜靜寂中，飛天身姿破牆而出
旋飛如激湍，筆勢曲折狂亂不已
一次又一次描摹，卻卻終成敗筆
蠱，仍緊緊咬痛輾轉難眠的夜……

民國九十一年七月七，反日寇侵略戰爭六十五週年紀念日，在臺北

序陳福成創作集

方飛白

他是戰士也是詩人。

他是理性也是感性的。

他與槍爲伍數十年。

現在他喝茶論道，登山寫詩。

我想生命是一種緣。

在生命中能與自己相遇的人，更是緣中奇緣。

與陳兄見面，是在一次詩友聚會之時，那時知道他是「軍事專家」，也寫過不少專書。雖然，他未曾自認是「臺灣軍魂」，祇是理性、客觀分析兩岸軍事情勢，但仍被大陸視爲捍衛臺灣的「軍魂」，可見其專書之精闢，威震遠方！

經多次詩友聚會深談，更深入瞭解陳兄感性的層面，他善於將生活的題裁融入詩作之中。例如：諸山的意象、搖頭店的譬喻、金門的戰地生活、檳榔西施的觀察與觀點。可見他是很踏實於現實生活的人，善於觀察宇宙，更能細緻地表達自我的觀點，深入靈性世界。

幾位詩友相聚，總愛喝點酒，說說風、花、雪、月……

因此，陳兄作品也有不少與酒與愛情相關的佳句，例如：

整山春酒，多情的酒店
妳一不小心就醉成
一雙沈睡的蝴蝶

妳說
春天結束了
我獻妳的春霖夏雨、秋收冬藏
妳竟切了我
一片片心
下酒
春天不再

這樣「微醉」、「柔情」的調調，是我喜歡的，情意深遠，淡淡憂愁，令人回味無窮！

他的情，無疑是深刻的。因此，他寫得出這樣的句子：

纔一夜就佔有我一生，且成就
妳我生生世世的
經典作品
而今而後，我將化為一隻蟬
永在七星山麓修禪，觀天上人間，來來去去

他的情，並非局限於男女之間的愛情，在革命的大家庭中，他也曾深情地爲老兵寫下祭文。

你——
墜落一顆暗淡的星
沈入荒原，與冷漠的草木同腐
也把對妻兒三十載的期待帶向永恆
現在

把血肉割給您親愛的母親
把白骨歸給您親愛的父親
把純潔的靈魂奉獻給瑪麗亞
最後，把殘餘的生命獻給國家
飄零的孤獨客呀！不應再寂莫
天國底愛旳家屋

在此，我們看到他爲千千萬萬飄零的老兵寫下孤獨、不平與思念，爲冷漠的大時代留下「多情的詩篇」！使老兵不再寂莫、不再飄零！

在〈小黑的抗議〉與〈她們〉兩首詩中，則流露出在革命的大家庭中，他對被迫害、被犧牲的動物與女性之抗議、關懷，可見他的情是多面的、深入的。

他的情，不衹寫人與動物，更深入到「茶」。

清純可愛的少女，是含羞待放的第一泡
閨閣幽香的處子，是滋潤舒爽的第二泡
成熟嫵媚的少婦，是濃鬱浪漫的第三泡

妳，渾身雅艷，遍體嬌香，
兩彎眉畫遠山青，一對眼明秋水潤

惟有對茶有深深的「體驗」與「深情」，纔能寫出如此「身歷其境」的詩句。

除了這些「柔性的情」，他也表達對社會現象的觀察，如〈砂石車事件〉他寫道：

你被栽培成一隻現代叢林中最可怖的肉食恐龍
以人為食料
以社會為體能訓練的平臺
以法律為挑戰對手
以利潤為奔行方向

他的深情，不祇對親人、愛人、革命夥伴，也推展到動物、國家、山川、自然，這是眞誠的情，可貴的情，有血有淚的眞情！

他是眞正的戰士！

他也是眞情的詩人！

民國九十一年十月二十五，臺灣光復節，於臺北

自序：為甚麼要寫詩呢

為甚麼要寫詩？又為甚麼要出版這本詩集？告訴你，我在五十歲的時候，發現了世間的「寶物」因而得以「不惑」。你一定會問：何不用論説文、敘述文或一篇論文，直接説，大家一看就明白！用詩來表達，反而讓人「看山不是山」。

殊不知人生有許多事是不能實證的、非邏輯的、不能口傳的，而是屬情、屬意或意象的，祇能感覺、會意、領悟。真或美，要如何論述，或量化呢？

一、找尋一座山

每個人都在找一座「寶山」，你所認為最珍貴的、最寶貝的、最想得到的。有人三十歲就找到，有人四十纔不惑。在我的朋友群當中，有人到了六十歲時，別説尋到寶貝，就是尋寶的通路還不知道那一條呢？他每天活在「疑雲重重」中。

我是在大約五十歲找尋到這座山，我一再去爬這座山，每次去爬都有不同的驚奇，發現不同的寶物。

二、登山導論

想要得到「寶山」不是一件容易的事。有人傾家蕩產，或虛度一生，尚不可得，問題出在那裏？

首先得學會登山，每個人都是一座山，你不一定喜歡每座山。更重要的是那一座纔是真正的「寶貝山」！

山也不一定在山上，玉山、雪山是山，城市裏也處處有山，立法院有山、總統府有山。你的情人、愛人、同志、妻子、兒女，有那一座是容易攀爬的山？你家或你心中也有山，人生處處有山，要如何攀爬？

三、金門的鳥兒真多

在那革命的年代，革命是一種流行，許多人跟著流行走，有極少數的人甚至吃了革命的「搖頭丸」，我一搖就是三十多年。

儘管乘坐的是一輛歷史的「悲歌列車」，但我發現了歷史法則，老兵珍貴的情操、生死的意義，這是一座走不完的山。

革命是山，反革命是山，你要爬那一座山？

四、茶山論道

半生纔得不惑之道，那「道」一定有一條「引信」。世間事絕少無中生有，惑突然冒出來，頓悟必有「因緣」。

寶山在那裏？不惑從何而來？你沏一壺茶，聽我從「茶山論道」裊娜道來吧！

弄清了「真理」，看到「無題」，千萬也別失望！

五、趕屍：搖頭店景觀

所謂「現代化」，所謂「民主」，所謂「開放」，就是這樣嗎？人家也在搞民主，我們也在搞民主，我們搞成這個德性。硬要說成是「進步」、是民主！也等於是統治階層硬給人民吃了很多迷幻藥或搖頭丸。

現狀須要批判，從我的批判中，你會看到真相，你常處迷惑狀態，就是因為看不到真相。當然，你就絕找不到寶山，連山都看不到，祇好讓外物牽著鼻子走了！牽你到那裏，就把你綁在那裏，悲哀啊！悲哀，你就是這位悲哀的人嗎？

六、大肚山下

大肚山是我的故鄉，我的原點，是我兒時的記憶。

但，他鄉成了故鄉，原來的故鄉卻成了我夢中的漂泊。

也許我們根本都沒有永久的故鄉（天文學觀點），你的心要佇在那裏？心都找不到佇點，靈又要歸到那裏？

七、江湖夜雨十年燈

這一篇不談「我」，談客觀世界中的「別人」。他是我的一個詩人朋友范揚松先生，在當代文壇上勤於現代詩創作。這篇詩評可以當成現代詩導讀，概略弄懂現代詩是「蝦米碗糕」。

感謝揚松兄為本書題序〈詩，沒有盡頭〉。

八、三叉向陽嘉明湖紀行

這篇是隨臺大登山會登三叉山、向陽山及嘉明湖的紀實，這些年來，我除了在人海茫茫的大千世界中「找尋一座山」，找尋我心中的寶，也隨各登山隊（主要有臺大登山會，快樂家族登山隊、山虎隊、苗栗三叉河登山隊）攀登臺灣各高山。如玉山、雪山、向陽山等。

山中真的有寶物，好山好水是寶，你從實境中親身體驗怎樣上山與下山更是寶。

最後，感謝三位詩壇的重要詩人，范楊松先生、方飛白先生為本書作序，吳明興先生為本書的出版付出了努力，謝謝洪玲妙小姐提供照片及陳淑雲小姐為本書精心設計的插圖。

【輯一：尋找一座山】

全世界去那裏找到這樣的一座山？
我找到了這座山，而且擁有她一整座山

寵物進行曲

民國八十四年作，民國八十九年重修

黯黮沈靜的夜裏進行著一件
傳承先人的
聖職
我單獨在享受一隻
會扭動的珍饈，品名就叫
飆羊，而我退化成一隻獅子

時間是一隻會跑的羊——
她跑起來了，驟然
海水直立成一支擎天之柱
山倒下成一個跳動的玩具

花王牌床單也滾翻洶湧成黃河之水
額頭溢溢成長江急流
此時，羊從風暴中消失
天地之間，祇剩
一人，妳是人間極品

一個人在逐漸脫變中
兩隻猙獰的野獸
在荒林中狂奔
巨樹頃刻倒塌
天雨灑落
潑濺一片濃密的熱帶雨林
我從雪白色的流線型山坡滑落
跌進鴻水淵藪之中
祇見花非花，霧非霧
獸非獸，人非人

初如瘋狗，後如死蛇
四輪明月纔划著懶洋洋的方舟
天地之間
已然兩人

時間向來都是不甘寂寞的星星之火
蔓延——蔓延——蔓延
第三期冰河時期正過
夢開始焚燒
成一團初生的星球
彷彿是妳飛濺四散的秀髮
就震驚天庭玉帝，下令要收回午夜
我在下面冷笑

萬物終將消褪寂滅
祇有時間能長生不老

萬年，萬萬年
進化至距離收回那年之前的某晚
一對情人在彩色毛毯上翩翩其羽
忽而泛舟在黝暗的湖濱，傾訴、低語
一顰一笑，至柔如水
忽而如一座花園，散發芳香
一朵一朵，至香如蜜
又如兩軍戰前的冷靜
山雨欲來風滿樓
若有若無，可感的景物
運轉、變化、暈眩、迴旋……
兩軍幾乎在同時下達攻勢作戰命令
這並非最後一場決戰
江水滹滴，雨從天上來
海水暴漲，洪濤巨浪起
午夜十二點，戰事拉鋸成兩針重疊

清理戰場，雙方無損失
這是一場雙贏的戰事
祇把一塊淨土浸淫成一灘泥濘
和平鐘聲響起
羊又入睡，獅子是少眠動物
靜聽著對方寂靜之聲

乾者乃穹蒼，包容了無數無言的回憶
坤者乃大地，藏埋著一切可能的生機
當我問及乾坤之後又如何？
大家都說這是世間最寶貴的寵物
無人聽過，無人見過的
傳說

回眸

民國六十九年作

驚鴻，有艷光投射過來
中秋明月
若
浮光掠影，一剎那間有
飛碟，灑落、飄來
十二月
入口即化的水蜜桃

傳情的方法

民國六十八年作

春天的夜晚，在窗口
掛起一隻耳朵
思念
就能吹動她窗前的風鈴

寒夜中
讓月 點一盞燈
讓光 溫一壺酒
就能慰他思愁

在夢湖濱

放飛多情的風箏
線
就能情牽所要的人

這座山的漾態

民國八十九年作

幽幽淡光中斜欹的小綿羊
睡了！睡了！
一座不大不小的山
雲霧中靜靚褭褭
是她的夢鄉

挺立的山峰有微微波動
順著雲淡風輕往下滑
是巫山的雲和雨吧！
泉谷間有了涾粼淙淙
是她愛戀的湖湧

慵慵懶懶的纖纖身形在斜坡草原上
在時間的平臺上漂流
水粼粼，漾著艷麗的彩雲
我一口咬住山，左手爬山，右手涉水
不再漂流的雲彩

再啜一口玉液瓊漿
這光景，是完全回歸了原野自然
不求山有山，不求水有水
不要彩衣，不要雲影
同在一株樹與籐的交纏中神昏顛倒

來啊！賞過玫塊，月桃或花香
再來啊！是溪澗的夢境與童真
直搗妳聖潔靈魂的最深底處

依然解不開山海經中玄妙的命題
為甚麼我們總有生生世世甜蜜的糾纏？

夜之頌歌

民國八十六年作，民國九十一年重修

張著臂膀，在這淡夜椰林下
靜靜的，把妳緊抱在我密實的蒼穹
月，從林葉間覬覦窺視
颼颼……颼颼……
是夜風打翻了醋瓶子
休管他，休管他外界的閒事
咬著蜜桃，在這多情的方舟裏
緊緊的，妳在我粼粼的流波裏沐浴
夜，是那麼的聽話乖巧，就暗了下來
颯颯……颯颯……

是祇有月老纔可以詮釋的情話
封緊了，封緊了竟沒有蜜語的時間

這是何年何月？何樣光景？
前世就已建築好的平臺
今夜，我們固守著這個前世今生的平臺
飄飄……飄飄……
祇有被 Cupid 一弓射中纔有欲仙的感覺
黏緊了，黏緊了休管他外面砲彈飛來

相約在春天

民國八十六年作

相約在春天
那夜，妳是那麼的希臘
早春的窗
望出一景寒意
稀稀疏疏的梅，祇有
露水
滋潤的青葉欲滴
卻還不見百花爭艷的山景
相約在春天
那夜，百花如酒

妳是那瓶最香最純的紅葡萄酒
有妳，就把這裏渲染成
春城無處不飛花
映了妳燕脂胭紅
脣脣相印

相約在春天
那夜，妳蕩漾的笑顏
氾濫了一山紅花綠葉
分泌出一泓放恣春水
整夜是一谷沆溶的水聲
春天來了
在有雨輕霧的早晨
一株鮮紅的睡蓮醒了
春風愛撫
好讓春暖更映紅，紅了妳兩頰的

紅海

相約在春天
那夜，我們共享來自地心真誠溫熱的款待
溫潤的氤氳，是妳的一顆芳心
溫滑的凝脂，是妳的身子
溫熱的夜，讓妳一陣陣喘息
又如往昔，春天一氾濫就不可收拾
溫存的深度，無底的深淵
忐忑的心在不斷的吸納與蔓延
濃稠纏綿的嫵媚
溶成一池溫泉

相約在春天
那天，愛俏的妳
引的滿山春花，都花枝招展，招風引蝶

整山春酒，多情的酒店
妳一不小心就醉成
一隻沈睡的蝴蝶
我一捏
狡黠的春色在窗外偷窺

相約在春天
那夜之後，妳說
春天結束了
我獻妳以春霖夏雨、秋收冬藏
妳竟切了我
一片片心
下酒

春天不再
何時再能諦視妳春漾的酒渦？

何月再能諦聽妳娟娟妖嬈的鶯歌？
何年再有春風撫動那一叢鬱蓊的墨綠？
撩撥那一井淵淵其淵的春水？

春天去了，春天不再
或許，為歡一春
已是永恆的希臘
剩下的祇是死海

天籟之音

民國八十六年作

驚聞天籟，傳音
「孤寂尋覓一枝花，千年竟無所得
仰觀天象，耳聽天籟，俯察地情，
故事就要在七星山麓拉開序幕。」
冥冥悠悠的千年輪迴
將有冰河解凍
露出冰山一角

驚聞天籟之音，妳說
「千年等待，為妳、我千年不老
濃妝艷抹，淡掃蛾眉，原味的更好

在我身上有好酒好菜
有白嫩柔媚雪膚
就先讓你吃個飽
祇要我喜歡有甚麼不可以！」
驚聞天籟之音
七星之下，妳我被群巒
疊疊緊抱
掛滿露珠的窗，引來
晨霧，將妳我瀰漫
是妳說不讓我看的太清
在身上掛一隻衫兒蟬翼
跳動的心，百世等到的情侶
吻的太熱，竟又熔了蟬翼
驚聞天籟之音

這種相思桃花園，是花開千年也難得的
邂逅
是前世播的種
如癡如醉，就見證這纏綿悱惻的傳說
一滴露水，竟成永恆
極品

驚聞天籟之音
千年約定，今生兌現
故，今夜，情愛的花果，是絕不會跳票的
妳泛起春漾的容顏
流泉淙淙，鹹濕香的瀉湖
映著妳桃蕊似的嬌怯，月樣的暈紅
供我酣縱陶醉
我何其有幸
幸妳滿山迤邐的翠綠雲雨

完成這件醞釀百世的
經典極品

驚聞天籟之音
妳化成一隻幽谷中的夜蝶
誘我飛出窗外，我用緣網捕住這千秋百世的情愛
我一景一景穿過，進進出出妳櫻桃的四季烽火
我一片一片漫遊，起起落落妳腰身的柳岸花明
我一峰一峰摸索，上上下下妳雙峰間的驚險遊戲
而一閉上眼，就驚夢
穿越百世時空的雙蝶
悠閒的在花間飛舞

驚聞天籟，傳音
一夜漫遊，妳已瀲灩一灘灘，攤在綠葉間
天明，妳將蜷伏成蛹，已無心聽我說甚麼！
纔一夜就佔有我一生，且成就

妳我生生世世的
經典作品
而今而後，我將化成一隻蟬
永在七星山麓修禪，觀天上人間，來來去去
一朵花的飄落，聽
天籟之音

找尋一座山

民國八十九年作

全世界去那裏找到這樣的一座山？
不像黑色奇萊那般峻險，沒有富士山高
但比富士山挺拔多了，算是亭亭玉立
論斜度，沒有玉山攻頂那麼陡峭

這座山，四季都有流泉漶溢
林木湑湑，礦產豐富

地質上她屬新生代造山運動形成
你靜聽山的均勻呼吸，聽夜鶯歌唱

打開叢林密菁，進入更深邃處探勘

將可採得絕世寶藏
感悟大地那股彈性收縮與吸納的力量
最特別是天地交融後的精華，清鮮神秘的瓊漿
幻化成晨間
露水
峰巒間縷縷飄逸的晚霞彩雲
還有源源不斷的水資源

是故，這座山是全世界的唯一
萬山中的極品，會思考的山，會撒嬌撒癡的山
爬這座山的人要有相對的功力，品味和水準

帶著新生代的青春旺盛活動力
有著魔鬼身段和質地
全世界去那裏找到這樣的一座山？
我找到了這座山，而且擁有她一整座山

那夜，醉後

民國八十三年作

椰影，在蒼穹的舞樹上搖曳
晚風，對著椰林搔首弄姿
是酒後的鬱卒和寂寞難熬
來吧！吹我的風笛

今夜，窗外椰影，何樣光景？
有我、有妳
月有些嬌羞不願明照
妳醉的深深無語
我化作一陣清涼的夜風

撩起妳的裙襬
吵醒一夜宿醉的妳
妳醒或不醒都無所謂
反正，妳我之間總會有些飄雲細雨

嘮叨

民國七十一年作

妳的嘴巴
四季都有
落葉

冬天較少時卻
氣色不佳

賞月斗室中

民國八十三年，在花蓮

飄過一朵醉人的酒後
便有微風、細雨和鳥聲
淡黃色的流波撫弄著
淺笑的
梨花

柔情似水，倒映在重疊的水中
一個月，二個月，三個月，個個是明媚的圓月
正在觀賞的，是有些微醉暈紅的
桃花

翡翠灣的黃昏

民國八十七年作

風說著瘋言瘋語的醉話
瘋迷了天空中所有的鳥
都成了一隻隻酒醉的滑翔翼

一整排的風林也都醉了
在和成龍較量醉拳

夕陽喝的滿臉通紅
他酒品最好，祇說：
我喝了酒就想回崦嵫山睡覺

妳，醉成一朵朵溫柔的梨渦
我，還未舉杯，就一頭栽醉在
妳的涴演旋流陣中

這世界竟沒有醒著的

【輯二：登山導論】

終於，你
出山囉！
你這趟上山，纔是真正的下山了

登山導論

民國九十年作

現在我們流行登山
大山、小山，都不動如山
沒有一座山是簡單的
山其實是一個後現代新女性主義的女人
硬度、軟度、斜度、鹹度和高度
氣溫、明暗、芳香、鹹淡和鬆緊
充滿著變數
縱使窺知山的究竟
還有步步危機
危險，藏在每一

人、獸、禽、蟲、樹、枝、草、泥、石、花……

你失衡、跌落、倒下

就拿你來祭山，因此，每一步你在

觀察——判斷——決心——執行的循環中

不一定有檢討的機會

登山，是最佳戰略與政策教育的道場

登山是辛苦的

為甚麼許多人都想爬山？

難不成山上有寶物

聽說有權力、金錢和女人，別掰了

其實山上經常很冷，又孤獨

最多的山中傳奇是當朝怪談

人外有人，山外有山

上得了山，未必能下山①

上山容易下山難啊！

山啊！妳是我心中的不動明王
我總以頂禮膜拜的心情
登——跪——，或爬山，心中且牢記

領隊的叮嚀：
吃魚的人梗到是因你對魚不夠尊重
吃飯的人噎到是因你看不起農夫
爬山的人跌跤是因你輕視了這座山

登山是天下至難修煉的功夫
初則練力，續則練精、氣、神
練過三尖、五嶽、十峻就漸入佳境
練過百嶽，很有機會打通任督二脈
持之以恆，定達嶽峙淵渟，切記
山不在高，有仙則靈
登山不在多少，獨到力行體察最重要

天下至少有一半以上的人
半生都在鍛鍊上山和下山的功力
有人半途就下山
有行百里九十
有人上山風光，下山難看
有人上山了，卻死在下山的途中
最可惜是，有人纔到登山口就
無力上山

絕大多數的人都想上山
登山的目的是甚麼？
健康和樂趣當然重要
但，上山的動機，下山的目的也重要
世間多少苦難、黑暗、腐敗、惰落
蒼生的呼喚

你豈忍心在山上多待半日？
人人那是不下山
就人人都要找一座山躲起來

世間事多麼荒謬又弔詭
你看，世界最高的山不是喜馬拉雅山
國際大叢林中有一座座更高的山
那一頭頭巨靈是一隻隻吃人的山
山頭林立，諸山長老
個個都是神聖不可侵犯的聖山
族群大海深處潛藏著一座座活火山
再看！機關、團體、家庭，和每人心中
到處崇山峻嶺，崎嶇不平，蠢蠢欲動
拿到權力者，惡化、腐化
有巋然獨存者，頹也！萎也！
能是清流者，也從嶰壑間流走了

那山，大多是你自己立起來的
山啊！倒下吧！

人生也是荒謬又吊詭
你不知不覺間就游過長河
游到山腳下
你不得不仰攻這座橫在眼前的大山
上山後也不得不下山
勞勞碌碌，營營攘攘
年年歲歲，歲歲年年
終於，你
出山囉！〈台灣話音〉
你這趟以後，纔是真正的下山了
從今以後，你不必再辛苦上山
但是，登山的旅人啊！
「高登不是逆旅，你不是過客」

你修得人生圓滿不惑之山
成為別人心中
永恆的一座山

我怎麼也像一座嚕嗦的山
至少現在，山啊！
你是我的情婦
我在家裏老是待不住
老是想著妳
軟度、濕度……
舒爽的芳香……

---

①概念界定「下山」有二義：一指爬山後的下山；另指學習有成後爲人群服務，臺語發音「下山」就是此義。「出山」（臺語發音）是結束人生之旅，最後送往葬地的最後一程。國語發音「出山」，則有「重出江湖」之意。

蜜月①神木

民國七十年作・民國九十一年修訂

輩份不算最高，看起來最老
曾經在這裏遙祝周天子的就職大典
之後，開始面壁冥思：
天有多高？地有多厚？
兩岸距離多遠？

伊人不是絕色，寒士亦非上品
也許前世有緣，在這裏由尊駕見證履約
之後，我們開始檢驗一個恆古以來最受歡迎的神話：
地老天荒！海枯石爛！
人間測不準原理何在？

恆定不動是孤獨的，且易於腐壞
解題的過程有很多意想不到的答案
寂寞吧！享受一下自由漂泊的快感
就讓落葉隨風飄，到處去招搖
鳥兒銜著毬果也可以凌空探幽

我們開始建木、若木
建構生生世世，如你
不老的扶桑
一座千年不倒的通天大橋
我們永續經營，繁衍綿亙的平臺

---

① 民國六十九年與妻來溪頭蜜月旅行，可能是冬天的關係，神木顯的更加蒼老，「建木」、「若木」、「扶桑」都是中國古代神話中的巨木，傳說可以長到天庭。

遊太魯閣印象

民國八十九年作

你經萬年千載的彫刻
把大地雕鏤成這件
極品
深刻的刀路還看的清清楚楚

鬼斧神工的佈局
人間那有此等境界
天上水、水中山、山中霧、霧中人
是你？是我？還是山？是仙吧？

另一幅是潑墨

翠綠、褐黃、乳白，上半部是空的
連接了天人互動與交流

在柳暗花明間兜適
溪間淙淙又在與你的耳朵情話纏綿
空谷中飛飄的鳥兒與你眉目傳情
我一走，太魯閣就垮

赫威神木①

真是笑死「木」了
人間竟有這麼多神話？
我從小就見證過，凡自稱神話的
都一個個倒下

我纔是神話，不，比神話實在
兩千年夠老吧！
和有些「木」比
我還不夠「神」呢！

像我，老神在在

能創造歷史和時間
無懼風雨，永不倒下（有誰見過我倒下？）
纔夠資格接受膜拜

---

① 民國九十一年春節，快樂家族登山隊在小烏來「圍爐」，並往返拔涉六小時，參訪赫威神木群。

絕頂觀飛鷹

民國九十一年作

有天籟之音起自
乾坤之中
感應天地間的幽魂
正邈然間
已不見了蹤影
你又悠然滑來
祇為向我見證
長空有萬里
你原屬天空，且圈住了天空

沒有你，這裏的天
鐵定就空
天空有你，你創造天空

我追隨你自由翱翔的天空
為甚麼人類千年文明
學不到你那一技特長
如果都像你
那有不想翱翔的飛機？
啊！是你在說
瞬息一瞥，緣起緣滅間
就是你真正永恆的天空

後記：近年常和臺大登山隊（我也是會員）的朋友們，走訪七星山、擎天崗、大屯山、紗帽山等臺北郊山。登頂後，常見有老鷹在空中盤旋翱翔，那種感覺，眞是即壯、又絕、且孤的景觀，常爬山的朋友一定有此體驗。

登李棟山鎮西堡

患了阿茲海默症的
歷史
還有誰記得李棟李將軍
纔不久的那件
戰事

再凶狠的叢林想必也吞沒不了
地理
我還是可以循著古道來考證這裏的蒼茫
馬里科灣泰雅族大戰
日本鬼子的

慘烈戰史

站在不遠處的參天古木，可真神，聽說可以和唐太宗平起平坐
在這裏一住就是一千多年
你不就是這段歷史的終極證人？

後記：民國九十年十二月八到九日，和一群人同登李棟山、鎮西堡（均在新竹縣尖石鄉）。滿清時代當時馬里科灣一帶（今大漢溪上游三光至秀巒附近），常有山胞出草殺人，朝廷派李棟將軍鎮守此處高山，後山胞不再殺人，爲紀念李棟將軍，乃命山名「李棟山」（標高一千九百一十三公尺）。光緒三十二年（一九〇六年）日軍六百餘人佔領李棟山，與此區泰雅族十七社約兩千餘人大戰，雙方各有傷亡。宣統三年（一九一一年），日軍在李棟山以優勢火砲猛攻各山胞部落，山胞死傷慘重，計山胞抵抗日軍十多年纔告沈寂，是爲「李棟山抗日事件」。現有「李棟山莊」，莊主朱萬鶴，其南約十公里有「鎮西堡」，古木參天，是國內熱門的登山景點之一。

據史料所述，倭鬼佔領台灣後，原住民抵抗最烈，被屠殺最多人，台灣原住民險些滅種。平地人也慘，被屠殺近百萬人，南洋各國更慘⋯⋯

魚路又鮮活

絹絲流泉浣洗過的耳聰
碧綠藍天撫摸過的目明
妳款款徐來
在半崖上，掀起我的裙襬
原不過是噶瑪蘭人挑魚的附加價值

我在磊磊澗石中展讀
先民挑著一擔擔鮮魚
仍能邁越峭壁危石
挑不過百年荒煙漫草
如今，荒廢的魚路又鮮活

我們是被城市打壓和清洗的快要
忘本的
魚群
重新回來找尋祖先繁殖興盛的足跡
代代蕃衍，不要成為稀有魚類

被城市的污穢瘴癘糾纏
魚肚翻白，向那裏逃竄？
經進化論篩選，那沒斷氣的
一尾尾循著祖先的路攻上擎天崗
祇為得到那一點點生命的泉源

後記：民國九十年三月十一日，同臺灣大學登山隊走魚路古道。

愛戀擎天崗

民國七十年作，民國九十年重修

大太陽無情的蹂躪著這整片山岡
旅人個個無語
心淨自然涼
牛也向來自有一套
混的哲學

老牛祇顧吃嫩草
小孩搞飛機
祇有大人們仍關心那雲朵啊！
要流浪到何方？

而妳，情人，思念
遠颺的紙鳶
不論牽繫有多遠
都不如妳的情長

天邊又有一群趕路的雲彩
匆匆忙忙的飄來
該不會又是去無盡的遠方
尋寶嗎？
你在追逐些甚麼？

遙想當年，拱衛中樞的
碉堡
依然鎮守山崗，與老牛、旅人
共享這一畦青草

後記：約民國七十一年間，一九三師衛戍臺北中樞，擎天崗是北臺灣戰略要地之一，駐有重兵。當時我任該師五七七旅監察官，常到擎天崗查哨或戰備督導。後來逐漸開放，成為臺北人例假日郊遊的好景點，我也常和家人、朋友來參訪這附近的郊山。

旅部在今國安局的位置

前後

因任務

五十春秋玉山盟

一、故事

一則西方來的故事
亞歷山大船長所見的 Morrison Mountain
原是西王母所居
渾然多玉也

在晨風中，古人讀你，峰頂奇幻的 Pattonkas
雪山早已無雪
東洋人還得尊你新高山
世間令譽擾人清夢

你有四大天王護駕
我歷五十春秋跋涉
始見尊者

二、排雲山莊

坐觀這裏的山和雲對話
經年，成了不眠的行者
寂寞嗎？
也從來不到江湖上走走，還能坐鎮江湖
各大門派的人仍常來問道參訪
朝謁蒼穹

三、攻頂

守者磐桓不動，攻者威武不屈
你遠交近攻都不宜
暫壘層層，巉崖下藏著要命的玄機

強風呼呼追殺過來，那亂石砳砳
雙方礧石相擊，準備決戰
我的六韜三略，用兵如神
沒有拿不下的山頭
祇擔心你嫁禍給登山的旅人

四、登主峰

幽暗晨嵐
守著準備自群峰跳躍而出的旭日
隱藏名山的故事
如雲、如光，都要真相大白了
你有萬民膜拜
原來你天生就要君臨天下

五、坐觀日出

晨四點，我就急著要卸下滿天星斗

緩慢的等妳蓮步輕移
我屏住了氣，靜靜的
左腳踩南投
右腳踩高雄
一屁股坐在嘉義
蹺起二郎腿，看妳
猶抱琵琶半遮面

六、日 出

驟然，一躍而出的是一顆
東方明珠，驚見仙子
婉約溫柔的身段
在朦朧的晨霧中
用妳的銘言「心清如玉，義重如山」
妳的光照，浣淨我們張張未洗的臉龐
滌洗長年積陳未除的心垢

大家都成乾乾淨淨的人

七、禮讚

不論是到東埔品風的秀才
祇在近處林間聽蟬的老朽
花間捕蝶的玩童
你從不回絕，也不拘小節
都與眾生拈花微笑
心有靈兮傳音
山海經
眾神靜聽無語
獨我一見衷情

八、二度蜜月

半生尋覓的情人，二度蜜月
一年不見如隔三秋

我祇想抱抱
祇想妳婉約如山晨溫柔的情趣
親吻妳絕頂上漂渺芳香的雲彩
撫摸妳半山腰翠綠起伏的波濤
探索妳深谷下淵淵湫溢的奧妙
聽這裏的風訴離情
讓這裏的晨霧依偎
再看妳百變、妖嬈、含笑
我縱容妳不須煮飯
不須為我舖休
這些我都自備打點
妳祇須永佇青春
讓我瞧

九、五十反思

半生戎馬，過了一山又一山

傳說依然如妳谷間的雲彩
故事不一定有結局
遙想這些年風雲依究
我從嶇崎迂迴的山路退出江湖
國未大穰，想必玉山無「�」
西王母在蟠桃園中賞花品果
忘了「天之厲及五殘」
昴宿何時明？

後記：民國九十年五月，我五十歲，一群也是五十上下的朋友（大多夫妻檔）相約登玉山爲誌，這是一個盛事。次年六月，又有朋友邀約上玉山，我又爬玉山，且近年內爬了玉山國家公園內多座高山（如三叉、向陽、嘉明湖等）。鄒族稱玉山「Pattonkan」，史籍上最早有「玉山」之名，是清康熙十六年（一六七七），郁永河著「番境補遺」一書云：「玉山萬山之中，其山獨高」。《雲林採訪》一書云：「八通關山又名玉山」，《彰化志》則稱「雪山」。日本統治時因比富士山高，故稱「新高山」。西方人對玉山的稱呼，起於駐臺南英國領 Robert Swinhoe，以美國 Alexander 號商船船長 W。marison，首次航行臺灣遙見玉山獨峻，載於航海日誌中，外人並以「Morrison Mountain」稱玉山。可見歷史上玉山之名有諸多「不確定性」，今日以上各山當然各有定位了。《山海經．西山經》記載，玉山爲西王母居所兼管轄地，其上多玉也。且玉山有獸，其名曰「狡」，示現則天下太平，豐衣足食；若有鳥，名叫「勝遇」，就有大水災。西王母職司「天之厲及五殘」，所謂「厲」及「五殘」都是星宿名，西方「昴」宿（爲二十八星宿之一，白虎七星之第四宿）有大陵積尸之氣，散佚則厲鬼出行，西王母正好負責管理。而五殘星（又叫五鋒星）是凶星，出現則五方毀敗，大臣誅亡，西王母主刑殺，正好由她主管，避免凶星常出來作亂。《山海經》一書是中國古代地理人文神話，神話是文化根「源」。《山海經》上的玉山當然不一定是臺灣的玉山。今玉山位於縣（南投、高雄、嘉義）交界處，標高三千九百五十二公尺，爲群山之首，東亞北第一高峰，並有四大天王守護著（東峰三千八百六十九公尺、北峰三千八百三十八公尺、南峰三千七百一十一公尺、西峰三千五百二十八公尺）。

待月向陽山

千里迢迢，負重沈沈，沿著險峻的向陽山道萬里攀爬，我受邀待月
瓊樓玉宇，與仙子
對酌品酒，最是想念
妳，溫一壺拿手的「東方美人」

夜，是讓我等待的吧！
妳輕步蓮移，半遮面、户半開、色朣朧
莫非是那個不懂情調「阿母斯撞」
一頭撞進來後
妳就更加矜持了？

今夜，月白風清，如此良宵
妳沈魚落雁的風情正是我們曾經有過的愛戀
溫柔狂熱的腰身
那一團火，是妳的香唇
我這麼說，那觀月的眾生大概不懂
喫的、賞的、看的，少不了是實證主義

纔一盞茶三巡酒之工夫，妳就有些微醉
妳蔽月羞花，如此完美
玲瓏的漾態，所有觀月的人那能不跟著醉
我醉了，憶起妳曾經的艷
我醉了，想起妳醉渦的笑
終究妳是我生生世世不能忘懷的寶

下半夜，向陽山的風獵獵
妳依然熠熠，又那樣輕盈美麗

向陽山的花，草和整座風林都向著妳飄颻
佇立的磐營與月宮望衡對宇，相對無言
我賴了，我不想下凡
我愛了，我不想重回人間
我怕，妳在廣寒宮中，寂寞

有一朵雲飄來，露珠沾上妳潔白的裙緣
妳氣色朦朧，似有一滴清淚正掛在腮邊
夜深了，累嗎？
莫非月事，或怪我老早不來
唉！這件事，緣吧！一命二運……
不知那盤古老先生開天闢地時弄了幾個月亮

妳，老情人的微笑，也解不了我濃濃的離愁
為何妳不思凡？為何我一定要下山？
當我重回那苦難的人世間

妳的豐盈和笑意依然高掛
我卻祇能淒然望月，問一聲：
「何年何月再相逢？」

後記：民國九十一年五月三日到五日，這三天我竟不在人間，我竟到了仙境——向陽山、三叉山與嘉明湖。營地駐紮在向陽山，有兩個晚上我都在向陽山待月、賞月、觀月，像與老情人幽會。此情此景，人間豈有？可惜太太未能同行，她在忙些凡間俗務，也好，她來了，「兩個女人」碰在一起，「代誌大條」啦！同行的是臺大登山隊。晚上很冷，睡不著就起來賞月，又愛，又喜歡「品頭論足」。「東方美人」就是普耳茶，相傳一百多年前，英國女王伊莉沙白首次飲到這種中國茶，芳香口感讓她贊不絕口，乃賜名「東方美人茶」。

雪山盟——隨臺大登山會登雪山紀行

一、D日：緩續緣①

我們自向陽山歸來後，開始磨刀霍霍
日日呼喚雪山過來，山不來
終於我們組成一支重裝山地作戰步兵師
向雪山挺進，準備發起攻勢作戰
師長三令五申要求大家嚴守戰爭法及叢林法則
必竟，公平、正義、環保與安全是最高的自然法

二、D＋1日：攻佔東峰，駐紮三六九山莊②

隊伍沿著東方古棧道前行，過思源埡口

在武陵農場進行戰力整補
依最新情報顯示的敵、我、天、地、水
重新修訂山地作戰計畫
沿途不斷有遭遇戰
烏鴉「啊！啊！啊！」為我軍助陣加油
南燭、雲杉、山羊耳、二葉鬆等均有積極作為
臺灣赤楊是利他主義者
玉山箭竹是種族主義者③
品田山的摺紙遊戲還在進行
正午時分，攻佔東峰，並與武陵四秀形成對峙局面④
為有利於主戰場之戰略考量
指揮官命令：下午先在三六九山莊紮營

三、D＋2日：佔領雪山主峰，向翠池追擊

五點發起弗曉攻擊，主力指向雪山主峰
六點通過臺灣冷杉佈下的「黑森林」迷陣

情報消息指出陣中有「黑武士」出沒⑤
他原是天生帶有「V」型圖騰的雪山戰將
現在不V了，是我們A了他
我軍快速奪取黑森林，續向主目標前進
不久，在主目標前緣碰到「冰斗圈谷」地障
大夥兒奮勇前進，通過攻擊發起線
八點攻佔雪山主峰，立即向統帥部報告：
任務圓滿達成，向北可以瞰制大霸尖山及武陵四秀
控領臺灣東西部交通孔道
在雪山主峰可以監聽到[illegible]太地區海空情報活動
確保國家安全
稍事整補後，指揮官命令：
少數兵力留守雪山主峰，主力向翠池追擊
我軍一出發就碰到天然大地障
有石瀑、石坡、石牆；碎石、巨石、确石

亂石砳砳，結石疊疊
一堆堆磊磊天上來，一排排礧礧墜向地獄

千辛萬苦通過大自然設下的砦碉
就碰到眾多玉山圓柏
在這裏打太極拳、跳街舞，或練功打坐的古佛
傳說都有千年修行的功力
他們共同的意志
是向大自然爭取一點點低矮的生存空間
表現其人生的力與美，發揮生命的價值

通過圓柏的千年平臺，就到翠池
敵人早已逃竄一空，祇有她不走，守著青山
原來翠池是一個世外村姑
秋波清麗，眉宇多情
還有土地公陪著，顯得有此寂寞

我軍在此舉行隆重祭典
會長張靜二主祭，領隊顏瑞和陪祭，眾將士與祭
以所帶軍糧獻祭土地公，其祭文曰：
國泰民安，風調雨順，將士平安
公平、正義、環保得以申張
再創勝利高峰

四、D＋3日：凱歌與傳承

戰事底定，凱旋歸來
在棲蘭吃西瓜，痛飲黃龍酒
走在椰林大道上，椰影搖曳生姿
如身處黑森林，若夢
「萬呎的高牆　築成別世的露臺
落葉以體溫　苔化了入土的榱桷
喬木停停　間植的莊稼白如秋雲」⑥

此後，好山好水住進我心中
當我年華老去，雪山月色依然青春如酒，貌美如花
黑武士與人們共享群峰翠綠

---

① 民國九十一年五月〈三叉向、向陽、嘉明湖紀行〉（見《臺大山訊》，民國九十一年六月二十日出版）後，大家相約七月雪山行。此次雪山行還是由顏瑞和教授領軍，陳義夫等任嚮導，會長張靜二教授例外的親自督陣，時程從七月十八到二十一日。

② 雪山東峰標高三千二百零一公尺，「三六九山莊」在東峰以西半小時腳程，登主峰大都在此紮營。

③ 臺灣赤楊會分泌一種物質，以利四週各種植物生長，因此，其四週有各類茂盛樹種。玉山箭竹分泌一種物質，制壓其他植物生長，因此，我們所見箭竹林都是很大一片，其他樹種難以生長。

④ 武陵四秀：桃山（三千三百二十五公尺）、池有山（三千三百零三公尺）、品田山（三千五百二十四公尺）、穆特勒佈山（三千六百二十公尺）。

⑤ 「黑武士」指臺灣黑熊，胸前有V字型白毛。

⑥ 前輩時詩人鄭愁予詩句，他在一九六二年也登過雪山。見《鄭愁予詩選集》，臺北，志文出版社，民國八十九年十一月版，第二百二十五頁。

【輯三：金門的鳥兒真多】

鳥兒不必入伍，也都當過兵
每天清早，鳥兒先叫值星官起床
值星官再叫兵起床

金門的鳥兒真多

民國七十九年，在小金門；民國八十三年重修，民國九十一年再修

金門的鳥兒真多
路上、街上、坑道、碉堡，乃至各級部隊
祇看到各式各樣的鳥兒
金門的鳥兒吃砲聲長大，隨著槍聲舞春風
鳥兒不必入伍，也都當過兵
每天清早，鳥兒先叫值星官起床
值星官再叫兵起床
鳥兒跟著早點名、出操、上課

金門的鳥兒比臺灣的兵見過更多大場面
他們玩過古寧頭大捷、八二三砲戰

鳥兒早已浴戰火成鳳凰
讀過的兵書比將軍多
精研戰術、戰略的結果
戰爭打死過許多人，更死了將軍
卻沒有打死幾隻鳥

金門的鳥兒又多又聰明
走路會碰到鳥，做夢會夢到鳥
閉上眼睛也看得到鳥
每天晚間晚點名
鳥兒喊「右」的聲音比士兵堅定嘹喨
而且，從未只喊「右」，不喊「左」
金門的鳥兒也讀過聖賢書
查遍參一、參二、政三、政四的所有檔案資料
未見有鳥兒飛過海峽中線

解嚴後，天空有更多鳥聲取代砲聲
金門的鳥兒懂得韜光養晦
他們都知道總有一天在神州天空飛翔
比在這彈丸之地「窩裏反」
爽多了
生活起居都需要更大更闊的天空
神州天空本來就是鳥兒的故鄉

後記：三十多年軍旅生涯，我有三次金門，二次馬祖的經驗，外島時間約九年。金馬地區因無污染，空氣清新，樹林農田多，鳥兒特別多，給我很深刻的回憶印象。又，軍隊組織中，「參一」是人事、「參二」管情報、「政三」監察、「政四」保防。

祭老兵文

您——
飄零的星光
踽踽於南國的海濱
獨自踟躕無限個夕陽黃昏
凝視暮色天邊的飛鳥，在期待另一個光輝的朝陽。

踩下最後的足印
您本是沙塵，如今還歸入塵土
海鷗低唱深秋的輓歌——駕白雲飛向遠天。

您——

墜落一顆暗淡的星
沈入荒原，與冷漠的草木同腐
也把對妻兒三十載的期待帶向永恆
現在
把血肉割給您親愛的媽媽
把白骨歸給您親愛的爸爸
把純潔的靈魂奉獻給瑪麗亞
最後，把殘餘的生命獻給國家
飄零的孤獨客啊！不應再寂寞
天國是您底愛的家屋。

您——
樂觀的詫俗者
忘不掉您滋愛的微笑，帶給我內心的溫暖
還有對老戰友的召喚。

您恆古的跫音，飄盪在荒山與城市
世界塑您的成海濱上翺翔的飛鳥
您留給我們是
期待——您終要等到的——我們為您完成
這是犖犖歲月中，些些個自滿與安慰
我站在遠天的海島上，遙祭
我的老前輩，我的朋友，您安息

您——
草原上的牧羊人
草原，花瓣，山丘，化成翡翠般的絢景
流泉，波光，晨露，映出您遠淡高潔的氣質
這一點一滴，這啓示的微笑，這輕步蓮移，都長成您的智慧
與世無爭，獨得許多讚美
柔弱的強者啊！
您是草原上飄動的蘆葦花

您是草原上矗立的遠山。

叫一聲——老伯
您是花花世界的園丁
蘭花的心
百合的身
梅花的思想
都同葬在時間和空間底永恆的天河
獨留芬芳在人間
我的老伯，我的朋友，您安息！您安息！
我們都不再吵您的安眠

走完這漫長的路
賞遍這燈紅酒綠的時代
看盡這非笑非訕的眼睛
不改您原始的潔白與芳香

還是喧嚷人群中的奇葩哩！
這是您生命的實貴處
留下的不是悲哭，是懷念；
不是腐土，是愛心

走入罪惡的凡塵
在污染的泥中洗淨雙手
伸向上帝——阿門！

深秋的蕭瑟後
是微涼的晚風在吹奏您走向天國的進行曲
去領受瑪麗亞的恩寵
跨過海道是妻兒
而跨過星河是莊嚴神聖的堂殿
三十年等不到的
近了，近了

挽妻兒的手，走向上帝，同吃聖餅同飲聖水

後記：這是民國六十八我在馬祖高登當連長時，一個老兵走了，我爲他寫的祭文，現在有些老兵走了，不僅無人聞問，也無人寫祭文，時代走到這般田地，眞是無奈。本文曾獲民國七十五年國內的「銀詩獎座」，作者重註於民國八十七年端午節。

夜間查哨

民國六十七年，馬祖高登

提著一個
腦袋，搜尋上門的客戶
我在黑夜中拼市場佔有率
那個有種
亮出最拿手的兵器
來提貨
今夜以公平決戰做
匯兌換算的標準

後記：早年兩岸關係很緊張，對岸常有「水鬼」（蛙人）過來「摸人」。當然，國軍的「水鬼」也到對岸「摸人」。晚上前線的士兵都要站衛兵，軍官負責查哨。氣氛很緊張。

詩三章

原載民國七十二年五月五日，《馬祖日報》，署名「鄉下人」

之一

我走進菜市場做物價調查
男人，女人，兩眼如銀幣一身青銅味
「你們賣些甚麼東西？」
「白菜、豆芽、佛手、苦瓜、地瓜。」
哇噻
我看到一粒粒詩在籮筐裏微笑
我聞到一陣陣詩香在風中飄動
還有一朵朵濃綠的詩情在架子上嫵媚

之二

「老弟，此事你能否後退一步？」
「不！我是插在這裏的木樁」
「老弟，你祇是要向旁邊靠半步，保證有你的。」
「不，我是植於此地的參天古木。」
「喂！放一馬於你無損嘛！」
「我丟了思想與詩想就一無所有了。」
「喂！不要那麼頑固。」
「我不叫「喂」，我名叫石頭。」

之三

「連長！這肆佰元如何了？」
「捐贈給佈穀鳥。」
「連長！這個月的行政費支用不當哦！」
「拿去買曉風、蓉子、馮青、管管、張秀亞，又買

瑪格麗・又買

愛彌・羅威爾」

都是給士官兵吃的

——建議連長嘉獎乙次

想念

民國七十三年，金門

一隻蚊子
在耳邊嗡嗡的呼叫
怎麼睡也睡不著！

祇好趟在床上
眼睜睜的看著一朵朵雲飄過
妳正帶著我贈的小耳墜
淺笑漾的兩朵彩雲飄來

海天遊蹤的男子
寂寞時祇能看雲

妳的睡姿
一朵朵，翻來翻去
朝東又朝西

這一顆心

原載民國七十二年四月十五日，《馬祖日報》，筆名「芹山蜀上人」

獻給杜副部隊長

老哥！露氣浸寒，芹山①的月是冷的
而這顆高處的心能加熱每個人的體溫
你白天戰日，晚來踏月，閒時化人
你拿出來的比給老婆孩子的更多的多
我從你那裏拿到的比從姊姊那裏得的還多

老哥，蒼海已成桑田，你的一顆心永遠不變
把自己丟給金門
把自己丟給馬祖，丟給亮島、丟給高登、丟給小島

我們常中有誰能像你一樣給的這麼多
老哥，在你面前我像一粒沙

老哥，男兒有淚不輕彈啊！但我知道以前你曾為先父落淚
這次怎為教化一個老弟而淚灑滿襟
老哥，我保證不使你有第三次揮淚的機會
老哥
我要用真誠的詩心製成滿漢全席
再醞釀一壺熱烈的敬意
——你隨意，我乾杯

而今而後，我走天涯，許多人事會成追憶
除了你
霜色凝重，環顧四海也許茫然
你是我荒山裏的

鐘聲
敲響一支
勝利的歌

①芹山，是馬祖北竿地區次高點，約二百公尺。夏日奇熱，冬天奇寒，且有濃霧，伸手不見五指。七十二年間，我在第一九三師五七七旅當監察官，旅部在芹山，副旅長杜俞如中校，是苦幹實幹的好長官。當時有個四十五期的老弟不想幹了，杜副旅長苦心規勸，很感人。

逆子的誓言

原載民國七十二年五月十九日，《馬祖日報》，筆名「鄉下人」

看民國七十二年四月七日《變色的香格里拉》有感

中國，你活了五千年從未發生的事情發生了
就是你養了一個逆子
他曾甜言蜜語侍候你
他還說要在你身上造一座天堂
但你老人家就從沒想到他
「當面說好話，背後下毒手」

中國，你愛子心切，總望浪子能回頭
有一天他回頭了，說：

我放棄一節暴動、鬥爭、沒收、流血革命
聽老爸使喚，做一個乖兒子
所有人都信以為真（因爲他的神情多麼感人）
有一天他的翅膀已豐碩的可以高飛
他又回頭了，這次說：
老爸，你老了不中用，把治家大權讓我吧
老爸，你那套四書五經不合馬列文化，而得拔除
老爸，你的房契地契全都交出來吧
之後，老爸，你必須到馬列學院修修學分
你那裏肯依，拿起掃帚就要打

第二天，他從莫斯科請一批「地皮流氓專家」回來
說你是反革命份子，臭老九，走資派，要掃地出門
三十四年的流浪你該體會出逆子當初的誓言
不如妓女的貞操

我們五千年的人生哲學除了忠恕之道，還有一條真理：暴政必亡
中國，你祇生一個逆子，還有成千上萬的孝子
他們正要起來代你清理門户
再聚一家五世其昌
再造一個幸福樂園

島

原載民國七十三年六月，《藍星詩刊》，第七十三期

微風說起他童年的故事
一排頑皮的樹都哈哈大笑
惹得小鳥唱山歌
山坡上的小草學著村姑的秀髮飄動
陣地旁的士兵鐮刀整修他的散兵坑
春天呵
在我新陳代謝的旺季裏
不要慢了腳步
當鐵扇公主在我上面煽起大火
還得忍受海水燜燉

老樹也要發昏
村落的雞和狗躲起來打盹
祇有打野外的士兵在我身上翻滾
夏天呵
有種把太陽也請下來
這裏是決戰的沙場

野菊為我披一件高貴的黃金
夕陽忍不住要摹倣
那天邊歸鷹
翱翔的雙翅是我楓葉的箋
此外是戰士荷槍無眼對晚風
秋天呵
山後煙囪挺立
把天空潑成一幅畫

漁夫在大海裏佈下陷阱
騙得黃魚螃蟹走錯地方
強風天天打我鬍子的歪主意
雨水常常把我泡的感冒傷風
哨兵更在濃霧中提心吊膽
冬天呵
能夠一年四季永不動搖的
就是我

島之夜

原載民國七十三年三月，《藍星詩刊》，第七十一期

一座被世人遺忘的
古戰場，沈睡——沈睡
那鼾聲一陣陣……
如敵情

黑夜中的大海是一個很難對付的頑敵
而島是一位冷靜的老叟
善用的兵法是
以靜制動
以慢制快

忽然，刷的一聲，劍花如雨
老叟穩重如前
大海暫時退下——重新調整部屬與隊伍

這一回，大海發動人海攻勢，猛撲上來
島以逸待勞，在黑夜中苦戰
當東方出現魚肚白
那老者愈戰愈勇，千鈞一髮之際——
大海有了敗退的徵候
將軍發動總反攻
祇見頑敵兵敗如山倒
退，退，退——

在堅強的堡壘之下
再大的海，那有不退理

外島思情

民國六十七年十一月二十八日作，原載民國七十一年九月，《自由青年》月刊

我是地上放牛的頑童
妳是藍空下的小鳥
總想——妳可能會飛到我懷裏！

我是藍夜裏數星星的孩子
妳是亮空中的小星星
總想——妳可能會掉下來。

我是大海
妳是海中小島
思念，擁抱——永恆。

島之黃昏
島之朝陽
島之午夜
望穿，望穿那遙遠的海
望穿，望穿那碧綠的天。

軍人

原載民國七十三年六月，《藍星詩刊》，七十三期

領導潮流的抽象畫家
舉行個展時
祇來了他妻子
走完第五個五百公里之後
果然發現布萊德雷所說的孤獨是一種①
奇異的享受

他要建造一座金字塔
一層層向上爬
雲兒笑他傻
飛鳥笑他癡

祇有戰場上的頑敵纔知道
勝利是他的歸鄉

他已成一座雄偉的作品
有勇敢純潔的氣質
有永不低頭的架勢
任誰也休想動搖這位時代標兵

神機妙算的地理學家
沈醉在「敵我天地水」②
用二十年步履
研究一千座荒山
如果你問他是命是運
他說祖父開始就是軍人世家

①布萊德雷，是美國一位五星上將、他曾說：「軍人是一種最孤獨的行業。」

②「敵我天地水」，是軍事作戰前要考慮的五種因素。也就是敵軍、我軍、天候、地形、水系等五種現況之研究。

老兵自傳

原載民國七十二年九月，《自由青年》

三十年
多漫長的歲月
在這個家一住，就是
三十年。

從江南、江北、金門、馬祖
何止八千里腳程。
現在還硬得很呢！

三十年離鄉背井的日子
多少個寂寞想念的夕陽

三十載國仇家恨的死戰
多少個血肉沙場
好一個——
老兵不死。
額頭上的長流更深了
膀臂的傷痕歷歷
是愛
是忠
是榮耀的勳章。

一杯酒
是滿滿的祝福
三十年前，三十年後，已不那麼重要
重要的是
心已盡
力已盡

後記：「大陸老兵」，到了世紀末的現代已經是歷史名詞，有的甚至已是「老人問題」的焦點——棄養、自殺，現在的人們還有誰記得他們曾爲國家奉獻一生的青春，甚至生命，希望這首詩能爲那一代老兵留下一些眞實的面貌。作者於民國六十七年在馬祖高登幹連長時，還有兩位大陸老兵。

懷念的叔叔

原載民國七十一年七月，《自由青年》

這十五年來我常想他手上的木鐸
在內心震顫不已
是經常遵循的聲源
也很道貌

深山裏的古松呀！好固執
守著他的道
平地的養料
都不稍一顧

穿一身銀白色

還多了幾隻眼睛
看起來道貌
更叫我懷念那位深山裏的朋友

小黑的抗議

民國六十九年作，民國九十年修訂

小黑提出嚴重的抗議
為甚麼把我當成第十二類補給品①？
還排在「八三一」後面
客氣時叫我土狗
心情不好就叫走狗、瘋狗、老狗或看門狗

我再次向全人類提出抗議
我纔是智者
當夜黑風高的晚上，祇有我知道
敵人和同志的腳步聲不同
水鬼、酒鬼和賭鬼體味有異

人是靠不住的
斥候這行業我是專家
沒有了我
反共長城可能早垮了
「圍堵政策」成敗難料！
今日未必是「後冷戰」！
全人類必須修正對我的看法與對待

外島國軍正常補給品只有十大類，「八三」是非正式的第十一類「補給品」，而狗則是「非正式」第十二類補給品：

①早年兩岸關係緊張，外島兵力不足，各據點崗哨養了很多土狗，晚上都能協助站衛兵，有任何吹草動，狗都先有警覺。再者更多的功用，早年軍隊伙食營養不足，各小島或因交通船補給不上，官兵只得殺狗補充營養。情況緊急時，指揮官甚至下令嚴格管制「狗口」，列入「戰備軍糧」，因此官兵戲稱狗為「第十二類補給品」。又，現在時代不同了，狗的地位已有提升。在那革命的年代，有許多的狗也和國軍官兵一樣，為反共大業做出「犧牲」與貢獻。但歷史忘了他們的功勞。民國六十七到六十九年間，我任職馬祖高登砲兵連長，全連官兵七十餘人，狗的數量常保持近百口。李文希能安慰那些為國犧牲的「狗兄弟姊妹」們！

島上的日子

民國六十八年，馬祖高登

耳朵太閒了
可以掛起來當風玲
這是三種聲音的世界
風聲、浪聲，還有
民主與共產的吵架聲

眼睛也失業了
因為閉著眼睛也知道三種觀點
漲潮、退潮和民主潮

需要用心的祇剩下

帶兵、練兵、用兵

後記：高登

他的堅持

民國七十二年，馬祖北竿

你好狠，用一個世紀
折磨我三代
悲歡離合

你好凱，給我大江南北
流浪我一生
枯木殘軀

中國，你有多大，我就有多少苦痛
煙斗，飄不散滿腹心酸
彈藥，放不完世代怨仇

寂寞是一條老狗的影子

現在，時間啊！
仍在蹂躪我纖弱的身子
試煉和折磨
不能改變我的信仰

河山還沒走完
戰歌還沒唱完
這一身老骨頭還沒送回去
我是絕不能低頭

老兵心情

民國七十二年，馬祖北竿

所謂老兵
乃戰場上老不死的
放槍如酒令
飲彈應如飲酒

四季都蜷伏在
生與死的邊緣上
步步求生
時時準備死亡的
邊緣人

生死之間

民國七十二年，馬祖高島歸來

在戰場上
生，是扳機擊發霎那的滿足
死，如一顆子彈，咻——的
一聲
去了

無奈

民國七十九年，小金門

天，蒼蒼茫茫，為何不語？
島，紮紮實實，死硬派的！
山，鬱鬱綠綠，怎不向我走來？
人，營營攘攘，都不可愛

這世界，不是紅的，就是藍的
不是你的，就是我的
不是死的，就是活的
不是敵人，就是同志
天啊！為何不語？

後記：七十八、七十九年間，我在小金門（烈嶼）幹砲兵營營長。

軍旅

民國八十一年，在大直三軍大學

旅途，悠悠揚揚
征程，戰戰兢兢
整條路上祇看到一種人，或一個人

風，躡著腳步，伴我
月，悄悄然的，黏著我
情話綿綿

詠高登無名英雄銅像

原載民國七十二年五月二十六日，《馬祖日報》

端槍飛躍的姿勢
已是恆古不滅的力和美
這就是我們常說的
「英雄」
白雲縫成的營帳
大地架成的行軍床
與風雨幻化成天地間的正氣
這就是對英雄獨有的
敬意
整齊步伐是行禮

雄壯歌聲是祈禱
有未完的路，我們接著走
有未成的事，我們接著做
敢迎向狂飆颶暴的
祇有我們這批
死不完的英雄

後記：民國六十六年某班長因任務陣亡，官兵爲紀念他，以端槍快跑的姿勢塑銅像一座，筆者曾駐高登兩年，與「英雄」有深厚友情，以詩誌之。

千年一歎

民國七十二年，誌岳武穆八百八十誕辰，於馬祖北竿

童年時，教室後面民族英雄的畫像
驀然走出
歎深埋之悲切
未了
「傷北伐，愁難雪，歸北來，冤難滅」①
臉上掛著，竟是千年前未冷的熱淚

驚當年，大鵬所過之處
建康役、平李成、敗曹成、降張用、擒彭友②
說不盡八千里路多豪壯
寫不完那千載以來

第一名將
「十二金牌風波起，雄圖竟歇」③
壯懷一曲，成仁取義
讓功名空恨歸塵土
換一身清白
留忠節

孤忠之後，源遠流長
「崇修喜彩，忠耀遠賢」
接續是「開昌啓運」④
這千秋百世香火頂盛
那像秦檜那家人⑤
遺臭萬年
三十九戴「滿江紅」

已是千古流不盡
如今痛讀，還是
點點長長沈沈重重的
千年一歎

---

①③ 這兩句都是清代趙懷王〈詠岳墓〉詞。

② 西元一一二九年（建炎三年），岳飛血戰金兵，六戰皆捷，次年遂光復建康。建炎四年，有盜匪李成率部三十萬人作亂，爲岳飛平定。西元一一三二年（紹興二年），巨匪曹成作亂，爲岳飛所敗，逃江西，向宣撫使韓世忠投降。盜匪張用與岳飛同鄉，乘李成之亂寇江西，岳飛以忠義感化，遂不戰而降。紹興三年，岳飛以受命往江西剿匪，兵至虔州（贛縣）與匪首彭友、李勤天大戰，岳飛麾兵於馬上擒獲彭友，匪眾敗走。

④ 岳氏後裔，由二十六世到三十三世的八代譜號（輩份），乃榮蒙清乾隆皇帝，拜謁岳墓時面賜，爲「崇修喜彩，忠耀遠賢」八字，作爲八代譜號。民國三十七年修譜再訂「開昌啓運」四字，爲第三十四、三十五、三十六、三十七世譜號，目前在南昌岳家已有第三十四世「開」字輩孫。（參考在臺岳氏第三十代岳忠瀛所作〈本人祖系〉一文）。

⑤ 害死岳飛的實際有三人，即秦檜、萬俟大、檜妻王氏。明武宗時，浙江指揮李隆以銅鑄三人像，反手相接，跪岳飛墓前。神宗時又查獲罪人張俊，兇手增至四人，時浙江佈政范來乃將四人改用鐵鑄。奸佞之人，應長跪萬年，警中華民族千秋百世忠奸分明。

【輯四：茶山論道】

今夜，淒淒小雨
我沖的是一壺甚麼樣的茶？
隻手一提就是
長江水

茶山論道

小時候，用紙扇幫阿公煽著煮茶的爐火
煙波浩渺，四十五年了
竟未過眼雲煙
猶記得阿公說的一句話：
好山好水纔能泡好茶，要喝就喝好茶

前塵是那爐火，第一泡剛過
第二泡纔沖下就過了半生，半生祇悟得一件事
茶山論道，五十纔不惑
尋尋覓覓，午夜夢迴，祇為
一品人間極品香茗

某夜，我攻陷一座不知名的茶山
在松林泉溪間偶遇一老者，邀我入捨品茗
其室，如憩芝蘭，清沁心脾
先啜一口，其茗味淡，香藹馥馥撩人
又嘗一口，氤氳裊裊，香霧隱隱繞簾

老者道，第一泡味如少女的羞澀做作
當然，過於幼嫩純潔，帶著幾分嬌憨
老者再沖第二泡，傾瀉入杯，有澗邊瀑布聲
頃刻，已潭深千尺
屏氣凝神，是一個幽雅馨香的閨中處女
其色，清淡微黃，觀之心情舒爽
其味，沈浸口中，如咀含苞待放，似空谷幽蘭
杯內有一葉扁舟飄浮
疏張成一隻流波上慵懶的美人魚

色澤光鮮亮嫩，美人姿態，無可名狀
懾人魂夢，顛倒情思
我忍不住，捏一片帶水的弱不勝衣
柔嫩滴汁的葉，洽似那夜
出水芙蓉的妳，從一杯明澈的茶水中走出
咬一口，多汁紅熟的櫻桃，流出玉液瓊漿
吮一口，滲透著濃郁芳香的水蜜桃
原來茶也醉人，醉倒了羞答答的月兒

老者續沖第三泡，一瀉千里
雲光瀲灩，如崇山峻巒間聽松濤
其色，如妳鬢邊茉莉，濃香撲鼻
若妳那夜沐浴淨身後的原味
我閉上雙眼，深吸一口杯上的彩雲，竟有梅香
難忘那夜，暗香浮動影橫斜
貌嫣美，而行嫣婉

正是妳成熟老練，少婦的嫵媚

老人說，種好茶難，產極品最難
好茶須配以春露、夏雨、秋水，還有凝寒霧淞
絕盡所有人工化學肥料
就能產出有機極品好茶
清晨，露水與葉相偎倚時採收最是妙品
茶落市喧已下品，噴了農藥更是下下品

某夜品茗，老者叮嚀：
茗飲宜有幾分正氣修為、閒適沈穩或詩書水平
並有紅粉知己、才子佳人或君子淑女相伴最佳
應忌匆忙酬酢、車水馬龍或心浮氣燥
遠小人、俗人、粗漢、紈褲和惡女、潑婦
烹茶藝術，半茶半水
山泉為上，河水次之，井水更次，自來水最差

此後數年，我一有機會就上茶山
伴老者茗飲，修道、對弈；或觀星、賞月、品花
這裏的月兒，夜夜都是一壺醉人的茶
晨間，微風在窗口偷窺
露水與青葉溫存的不願離去
白天走在林間小徑，隨手一抓
就是一把鳥聲

某日老者道，你當下享用的正是茶中極品
世間有機會喝到這種茶的人極少
普通的好茶或許祇要運氣，極品就大不同
茗極品要命好，有緣份、有悟力、幾分神蹟
這品香茗原種是神州九華山極品鐵觀音
曾有市儈欲以每斤一萬收購不成
一點零頭就想要無價之寶

但是，年青人啊！人世間最恆久的極品瑰寶
正是文章、道德與人品，這纔是極品好茶
捨此而一味求茗，又屬下品
你是福份、智慧與圓滿的不惑者
可惜這裏就要廢山廢園了，兒孫輩要開發成休閒公司
來年要喝好茶到九華山找我吧！

我驀然驚醒，愛戀著老者，前世今生的戀人
清純可愛的少女，是含羞帶怯的第一泡
閨閣幽香的處子，是滋潤舒爽的第二泡
成熟嫵媚的少婦，是濃郁浪漫的第三泡
妳，渾身雅艷，遍體嬌香，
兩彎眉畫遠山青，一對眼明秋水潤
今夜，縷縷小雨，我沖的是一壺甚麼樣的茶？
隻手一提就是

長江水
掩照著濃郁泛映的波光
黃河水
零露溥兮，有梅香的質地
傾瀉入杯，是燕子的呢喃
一壺一壺，一杯一杯，是長長久久的唧唧我我
茶山那段緣續緣再含英咀華
正是我在人世間魂夢以求的珍寶

後記：蘇東坡曾以美女喻茶，故茶中之極品，即女人中的女人。向來品茗之行家，大致同意第一泡如少女的生澀，第二泡茶有閨中小姐的幽香，第三泡茶則如少婦的老練嫵媚，林語堂先生亦有此看法。茶山有三處：一在江西上饒縣北、次在上海吳淞口外海中、另在浙江海鹽縣東南海中、但各類茶種也各有其知名產地。至於中國的茶道，一人品茶叫「得神」，二人叫「得趣」，三人叫「得味」四人以上叫「聊天」。第一層境界是一人飲茶，宇宙自成一個完整的心靈天地，自由自在。第二層境界一方爲創造者，另方爲鑑賞者，兩人眼神各爲主體，彼此無距離感，有充份自由與對方神交。第三層是品嚐茶味，第四層是多人閒聊。

憐

民國八十六年，在臺灣大學

妳帶著咯血的憂傷飄落
一動也不動的在這裏斷了氣
可憐啊！可憐啊！
誰來葬妳？

葬妳於溪邊、山巒或秋林
朝沐晨嵐餐露珠
暮偎松風伴明月
天熱了，也有漂亮的雯華來撐傘
生命脆弱又迷離

不論愛或不愛，多少情仇與恨
片片葉葉遲早都化作春泥
何須計較誰葬妳？

生命三帖

民國八十六年，在臺灣大學

歲月是一把追殺彫刀
每個人身上都得留下刀刀記號
時間是一個終極判官
你幹了甚麼好事遲早都跑不了

在空間中丟出一塊石頭
它走成拋物線
在蒼穹裏盡情揮灑你的人生吧！
卻不一定是拋物線

晨昏是兩個勤勞的大畫家

在天空大畫布上作畫
全年展出三百六十五
幅幅都是永恆的藝術

三人行

原載民國七十三年三月，《掌門詩刊》，第十五期

黃昏時
把妳放在風中吟
在我口中
細嚼
親愛的，雖然妳是一枚
現代詩
至少今夜與
妳和
明月
共飲這壺燃燒的酒

緣

原載民國七十三年五月，《傳說詩刊》，創刊號

我是天
妳是地
我們平分天地

偶然，我成了古道旁的驛亭
而妳祇是一匹過路的小馬
在我的亭中歇歇

當時空的坐標
驟然轉換
在沙塵渺茫間

牽起情愛的手
對看四片淡淡的彩雲滑過

從此以後
天不是我的
地不是妳的
妳我合成天地

千山獨行

民國七十三年作，民國九十一年再修

我們都身不由己的
人家爽著，我們被趕著
來了
你不一定碰到我，可能碰到木頭
我不一定碰到你，可能碰到燕子

縱使偶然碰在一起
也不一定走同一條路
就算是同志合道吧！
你的跣足也不會踩上我的腳印
這條路上依然人海茫茫

我們真的有幸在一起
你不能幫我吃飯
我不能幫你睡覺
也許
你有你的世界，我有我的天空，我們屬不同空間

你我同在一起，看同一座山
你看見的是山，不會走路，不會唱歌
我看見的不是山，會走路的山，會唱歌的山
是水、是花、是明月……也許是
今生的情人

在一起未必同行
要走也未必同時，那天
當你熱熱鬧鬧的出山① 囉！

你終究還是
千山獨行

①臺語發音

秋的訊息

民國七十七年，在高雄大樹鄉

以古典兼具現代的舞姿
從天上
嫋嫋飄落

帶有鄉村藍調的感傷
恆古以來都在記憶傳說裏
喃喃低語

一葉的飄
驚動樹下啄蟲的雞
田頭打盹的老狗

氾濫了整個秋

歸

原載民國七十三年六月，《掌門詩刊》，第十八期

我從前方來
凱旋而歸

在暮色時分裏
投向妳

這兒沒有槍林彈雨
天空沒有砲火飛機

妳的嫵媚如迷魂煙幕
妳的豐盈是一座座難攻的山頭
我武裝自己，迎向挑戰

就在今夜
長短兩針展開追逐戰
直到二十四點
敵人始被制壓

檢討戰局
雖不致在山戀水灣處迷途
卻險在急流殘月裏敗退
原來這裏是一個不以火力兵力論勝負的
戰場

方格子的出路

原載民國七十三年二月，《笠門詩刊》，第十四期

當一切會動的，不會動的都變成
方格子
就叫現代化了

人們走進方格子後
再也出不來
被壓縮，壓縮
雖然身體也許胖起來
心靈卻瘦如柴骨
他們都走進方格子後

就誰也不理誰了
管他旁邊一格被破門而入
管他下面那格有老媽子的哭聲
但不管誰都在方格了裏自危

現在方格子再也拆不開
能拆的祇有內心那個
方格子的
上下左右前後六面牆

狀告閻王

民國七十三年，某社會案件後有感

月啊！月啊！
妳暫停腳步聽我說
道我前身，論我今世
落到這等結果，再怎麼說也不合妳
因果輪迴的道理

月啊！月啊！
妳怎麼不說話？
人家警匪槍戰，怎的子彈向我飛來？
如今
白蟻在我身上做怪

老牛在我頭上耍賴
晚風把寂寞送來
黃土之下，日子難耐
萋萋野草終年把我覆蓋

月啊！月啊！
妳忍聽孤兒哭著要爹？
妳忍聽寡婦淚凄她的男人？
妳說「善有善報」，何時纔報？

月啊！月啊！
那一幕妳親眼看到，如妳有情，若妳有義
閻王面前替我告上一狀
因緣輪迴總要有個公道

性學三論

民國八十一年作

他問她：「昨夜怎麼了！是不是性冷感？」
她興師問罪去問她，「為何不做出反應？」
她冷靜的說：「貞操重要。」

她問他：「怎麼搞的，是不是陽痿？」
他氣急敗壞的責備他，「沒骨氣！」
他說：「是坐懷不亂」

她又責怪他早洩
他激動的罵他反應過度
他辯稱，「和你一樣愛的太激動。」

夢土①

我見過最美的天堂
在我眼前的一朵花中
我走過最偉大的世界
在我腳下一粒沙內

可是，尋遍一千一百萬平方公里
找不到中國

中國啊！你是一隻高飛的紙鳶
那條線要把你牽往何方？

① 民國六十八年作品，那時整個中國被罩在共產主義意識形態中，真是看不到中國的原貌。經二十多年改革開放，我們看見中國了，面對未來，誰牽這條「線」。民國九十一年補註

鬧　鐘

民國六十五年，在金門；民國九十年重修

嘀嗒，嘀嗒，是天地初生的起跳
嘀嗒三疊紀、侏儸紀、白堊紀……
又嘀嗒，三皇五帝……
夏、商、周一個嘀嗒就到了
中華民國，還嘀嗒
嘀嗒，嘀垮一代
再嘀嗒，嘀起一代

代代嘀嗒
都在這小小方格內起起落落嘀嘀嗒嗒

羅

牽牛花

民國九十一年作

禁不住的
終究是不能禁絕
免不了要爬出牆外
在外面
遇到
哥哥

真理

民國九十一年作

一塊石頭，它是一塊石頭
它也不是一塊石頭

一隻牛，牠是一隻牛
牠也不是一隻牛

一個人，他是一個人
他也不是一個人

石是石，牛是牛、人是人
石非石，牛非牛、人非人

無題：回憶在臺灣大學任職時碰到的一個老好人

民國九十一年作

得服務獎第一名的
人
是一個塑膠袋
好用、好提
身段柔軟，無微不至
呼之則來，揮之即去

可惜，萬年不朽的身軀
今年七月就不能用了

【輯五：趕屍——搖頭店景觀】

終於，早起的太陽趕著一群群物化的木乃伊
回到依然黧黑的白晝世界

趕屍——搖頭店景觀

民國九十一年，於臺北

黯黮的烏霧里到處是
搖頭和搖腳的魑魅鬼影
是「俘而魔殺」的後現代趕屍群吧！
嗜痂成癖，張牙舞爪
狂亂的腳對無語的地板發洩所有的蘊結

黟然黑者
瘋狗、遊蛇、雞跳、中邪的乩童
被迷音趨動的屍，午夜
四肢麻木，有如
吊掛在窗口晃動的斷枝

終於，早起的太陽趕著一群群
物化的木乃伊
回到依然黧黑的白晝世界

市內土石流

民國九十一年作

建築把大地切割成一條條街河
人在昏綜複雜的河道中竄成
一股股
土石流
我在街河中抱頭逃遁、掙命、喘氣
還都傲慢與偏見
責怪大地是土石流

有如濱死魚目
有如鬥敗的狗
有如被獅子追殺亡命的麋鹿

一張張麻木的臉在

流流流

突然間，滯停在前無去路後有追兵的

人流中

掙扎、喘氣、浮沈

魔頭車陣

民國九十一年作

歷史上最偉大的諾曼第戰場
每日在這裏進行現場重建工程
以大無畏的精神，衝鋒陷陣
攻城掠地，當然
少不了撕殺、對決、碾壓、強凌弱、眾暴寡
我們玩真的，且以法律為食料，
是這個戰場上的常態

有兩輪滾動的獵食者
集體追殺可憐的兩足生物
偏偏有更大的肉食恐龍在後面追殺

小型獵食者，沒命的狂逃
驚動所有的生物，也沒命的追跑

法律是另一隻聰明的獵食者
專挑好吃的吃，前腳吃肉，後腳啃骨
這裏是進化論的寶島
達爾文的平臺

三種現代寫實場景

民國九十一年作

太陽一醒來
把大海吻得熱血澎湃
人們一醒來
把大地幹得覆去翻來

老媽在痛哭流涕
為乖兒子殺人滅屍
老爸在哀聲歎氣
為鈔票拼的快要過勞死
爸媽在松林原野間

聽小鳥、微風和樹葉合唱流行曲
年青的學子都在電腦桌前
被機器人整的失去人形
沒了人性

亂

民國九十一年作

左邊的不在左邊
右邊的不在右邊
中間的也不在中間

上面的耍屌往下翻
下面的耍狠，鑽天打洞

正的一方咒罵
忠孝仁愛禮義廉
反的一方數落
一二三四五六七

進步

民國九十一年作

反正，今天一定得找到新的明天
明天急著揚棄舊的昨天
上午纔完成現代化會議，下午就變傳統
終於，明然未到就開始古典了
新沒用就變舊、變壞、變破
人也來不及長大
就成了一個個老人

甚麼是進步？
來的快、去的快，老的快、死的快

看吧！尚未催生已先死
多少活的人已經死了
上午的政治已成下午的歷史
晚上開始考古
準備明天向人民做進步的聲明

「檳榔西施事件始末」研究

民國九十一年作

雙腿，一直不滿裙子漫天灑網：全面監聽
積極準備推翻裙子的籠罩
雙乳，嫌奶罩高壓統治，損害民主正在打拼出頭天
兩足，自從解放後就在半空中搖搖欲墜

終於革命成功

民主解放後，妳化作一條美人魚
清涼的鮮肉，垂涎欲滴
是我入口即化的さしみ

妳在無水的海洋叢林中游啊！游啊！
有貪嘴的食人魚要啃食
有暴戾的鯊魚要充饑
有巡弋餓了的殺人鯨要吃點心
而大部份是有的吃就好

有時食物不夠分配，導致供需失調
為爭食一隻美人魚鮮肉
一群食人魚、鯊魚、殺人鯨及其他魚種
竟在馬路上相互撕殺
血流滿地
高層研究的結果說：再研究

砂石車事件

民國九十一年作

葡萄園詩刊

你被迷惑與污染後就身不由己了
車子裝著你到處跑路
被後面的追著逃
被前面的拉著跑

紅綠燈祇能當參考
誰對誰錯看大小
條子被打的滿頭包
高層祇說研究研究如何了
你被栽培成一隻現代叢林中

最可怖的肉食恐龍
以人為食料
以社會為體能訓練的平臺
以法律為挑戰對手
以利潤為奔行方向
高層員研究的結果說：
這是市場開放的需要

馬路一景

民國九十年作

馬路上正在開脱現實少畫展
其中最是動人的一幅
用紅色顏料畫的魂魄驚心
那疑惑的眼睛瞪著自己不遠處的身軀
看不懂這幅畫

前腳懷疑後腳故意謀殺
後腳怪前腳反應太慢
而十公尺外的斷臂想要揮個老拳
給腦袋
但，一切都來不及了

祇有頭頭沒有抱怨
至少五官還能長相死守
觀者人山人海，是畫展最大的成功

誰惹的禍

民國九十年作

大部份的車都脾性不好，或自稱
自由主義者
他們說規矩謀殺了創意
小車就罵大車霸權主義
大車回罵小車不懂叢林法則
有時候所有大小車齊聲開罵
那條路
爛、爛、爛

路不甘被罵，破口大罵：
幹我、壓我、坑我、挖我、整我

都是人們

人一氣之下
把天空罵成一張破碎的臉
把整座城市罵成瘋人院
還命令車子去
撞人、撞樹、撞山、撞牆、撞電線桿……

每次最先倒楣的都是車
車一臉疑惑：我遭誰？惹誰？
根本是人
濫、濫、濫

流行

民國九十年作

有一種微生物細菌在快速擴散中……

她不斷追逐
更明透的衣，更短俏的褲
更惑誘的口紅，一種菌

他不斷追逐
更多金的行業、更醉迷的酒
更婉孌多姿的美媚
還有「情婦口紅」，快速擴散的菌

流行就有普遍性，連走路都會踢到流行
生病也趕流行
在享受中生病
在富裕中病入膏肓

死亡的方法也在求新求變
上帝恐怕也感染了這種菌
把死亡方法的決定權交還給人們

十二生肖

民國八十九年作

曾經，連過街都人人喊打
現在過街，許多人想來
抬轎

人一再犯同樣的錯還罵我笨
不論站臥都善於思考、等待
人民不善於思考
人民也不願意等待

自古以來，民不聊生，水深火熱
都是人的苛政

於我何干？

我亡孤悲、我死狗烹
都是經驗實證過的
理論

有就是有，沒有就是沒有
為甚麼要虛偽造假、謊話連篇？
千年不改的老毛病了
也好，千年建構的神話：
凡不存在的，纔能永恆又兼偉大

吞幾隻象有啥了不起
人把大地、山河、地球
快吃垮了

我的族群都是風光成功者
有兩個例外
公主的丈夫不要和我扯上關係
不能和扁平族同在一起

世間的和平使者
有我就開泰
生活叢林到處豺狼虎豹
一入虎口，就完了

現在人們喜歡玩各種Game
都是向我們猢猻戲學的
人啊！忘本的動物

我口雖小猶在前食
牛後雖大仍居後生糞

難怪自古以來，革命、造反層出不窮

論品德、操守、忠貞
許多人不如我
說是我的同類，豈不抬舉他了

官位排名低微
對人類社會貢獻卻最大
我實踐了孫中山的寶訓：
不要做大官，祇做大事

【輯六：大肚山下】

我祇想愛這泥土，愛這夕陽和圓月
大肚山之陰正是故鄉

大肚山下

原載民國七十二年十月，《中華文藝》

寒風中岸然卓絕的梅影是我曾經記憶的童謠
歌聲起自剛勁稀疏的林間，餘音把斜陽拉成長影
夢裏炊煙昇起遠古的回憶
南柯初醒，大肚山之陰已非故鄉

王者之香的身段曾是寤寐以求的風範
亂石嶙峋的山崖雖有過千鈞一髮
我抓生命之路，緊握自己
讓舊夢再自童年遊戲的林間重萌新芽

松成濤，人成海，村落成市鎮

滄海桑田或囂煩城市都一幕幕從舞臺經過
我祇想愛這泥土，愛這夕陽和圓月
大肚山之陰正是故鄉

後記：約民國八十年間，在一个偶然的機會裡，我和大哥重回大肚山下故居早已不見了，成了國防部的油庫。但媽媽的娘家還住龍井（陳家），民國九十八年時，舅舅已經九十歲，我和兄妹們回去看他老人家，他已病的不認識我們了。人生的變幻太大，白雲蒼狗，人事全非。惟有大肚山下仍然是我永恆不變的，夢中的故鄉」。

大地之歌

民國七十二年，母難日，馬祖；原載民國七十二年十月，《中華文藝》

獻給母親①

看這包容的大地
我是
從地層裏縱身一躥成一株常綠樹
挺拔地長向藍空
回憶在乳間的擁吻吸吮
而現在張牙舞爪的齒
細嚼每一寸晒過的春泥
新芽與秋收成為一種永恆的循環

把雲望穿成一張皺皺的臉
把路望斷成一條條連接不上的手紋
把船望到成一封萬金家書
午夜夢裏尋不到童年故鄉的小路
聽海風輕唱遊子歌
看白雲追趕天空路
是辛苦而值得享受

妳看！飄葉必定落向大地
　海鳥總會歇腳風林
　所有的人也遲早要歸回大地的手
妳是太陽
宇宙的中心，我之中心；縱使我是九大行星
也是妳的
　妳是萬有引力

三十年吸吮同一條血脈中的養分
三十年把妳啃噬成貧脊憔悴的容顏
燭火有燼；土地需要休息重生
啊！大地
　我把肉還給妳
　我把血還給妳
　我把骨還給妳
　我把乾淨的生命全都還給妳
我還有甚麼東西可以給妳，以換取如春泥的肥沃

---

① 重刊此詩，以紀念母親，臺中縣龍井鄉陳蕊女士

路

民國七十三年，《腳印詩刊》，第十三期

把踩下的
腳印
用恆心連接起來就叫
路

不要靠老爸提著你走路
也不要叫老媽在麻將桌上探路
更不能叫老婆拉著
祇要你
走，就是
一條路

如不走
放你於羅馬市
依然找不到路

是故，兩腳站著必須自己走路
那天躺下也要自己上路

給爸爸的

民國七十三年，《腳印詩刊》，第十三期

歌之一

啊！爸爸
你生了我
又沒有通氣要我
你的荒唐
就像這個時代

歌之二

啊！爸爸
你是一隻索居的鳥

祇有自己的
影子
纔肯相隨

歌之三

啊！爸爸
你走了有二十年
墓園草長
等待著故鄉
為添增一些風光
我努力寫詩
給你，和
故鄉

歌之四

命運的名字叫做爸爸

你是我曾經有過的第四個命運
凡是叫他「爸爸」的
我就是好兒子

沒有訊息的下午

民國七十三年，《腳印詩刊》，第十三期

大海伸出無情的魔手
阻斷思念的長橋
少年戰士盼望成
一座山的姿勢

魔手伸向天空
大海是一個酒後的醉漢
少年戰士盼望成
一塊山頭上的巨石
玻璃縫裏的她
目光一行行地投射成

書架上一封封的
信

寂寞

民國七十三年，《腳印詩刊》，第十三期

他是一隻旅雁
落單了
找不到一處可歇腳
第二天，第三天……
天始終不亮

他是一塊孤獨的礁石
定死在海的中央
盼望有誰來聊聊
年復一年
老了，老了

寂寞飄成疏疏的髮絲
還在招手

那位寂寞於發現這位長著銀發的朋友
高興的下來歇腳
纔一盞茶工夫
又要開始寂寞的長程

三月的風

民國七十二年三月，馬祖某堡中；民國七十三年，《聯印詩刊》，第十三期

一陣狂亂從天邊掃過來
火花自海中爆起
是三月的風①
多少人驚出一身冷汗

有一排排的手姿
在山間澎湃揮舞
接著，又一排排槍聲自風林灑落
屋和人被從地面拔起
這樣的世界任誰也要
倒下

這時，海島端坐成
一尊神祇
我在碉堡中修道
風也罷
雨中罷
都祇在方寸之間起落

①馬祖三月的風極爲惡劣，經常排山倒海而來。我靜坐碉堡裏讀書寫詩，深感外在環境險惡，人必須培養更高定力，纔能戰勝一切的邪魔歪道。

小木屋的回憶

民國七十三年，《腳印詩刊》，第十三期

一座小山坡底下
有一株參天的香椿樹
樹下有個小屋在乘涼
它是童年的小屋

開襠褲的回憶裏
奇怪飛機怎在天邊慢慢滑過
害怕老鷹要抓走小雛雞
高興在公公腳上坐蹺蹺板
好天時，與頑童去捕蝴蝶
熱天時，爬到樹上玩遊戲

二十年不到，小木屋老得化歸塵土
所有淳樸的氣質，早已深埋，又長成雄偉、華麗、高聳的怪物
把活生生的人當食料

我驀然想逃離魔掌
奔向高速公路最遠的盡路
把一身俗氣抖落
將兩足枷鎖爭脱

像一個單純的古人
手持詩書，腳走悠閒
或看天邊飄雲，田頭白鶴
我便有足夠的快樂與
永不流失的回憶

鉛筆盒

原載於《詩人坊詩刊》，第八期

我們是最勤勞的一家人
有的負責寫字畫畫
有些專門擦拭改正
有喜歡剪貼勞作
兩個嚴肅的規矩要求風紀
誰都不敢亂來
所以，我們最得意的就是
集體創作

她們

原載民國七十三年十月，《詩人坊》，第七集

民國六十七年路過桃園市長美巷

坐著，站著，兩眼如流
列隊恭迎
少爺
自己看吧！價碼寫在臉上

人客，來坐啦
饑或渴
我是羅曼蒂克的餐館
她的臉是一輪日昇之陽

朋友，免走啦
西服或手錶也可以
我是一道色香味俱全的小菜
她的臉是一張燒紅的太陽

人客，如果你冷
我是一壺溫熱的酒
年輕的，免錢
她的臉有如黃昏的殘雲
籠罩著暗暗的天色

雨中散步

原載民國七十二年十一月，《文藝月刊》

憶十年前在黃埔操場

這是一種人生歷練，
也是一種悟的教育。
領受生命的孤寂，戰場的悲壯
詮釋你為甚麼要幹這一行的管理。
來吧！到裏面來脫胎換骨。
可以使你成熟長大。
要丟掉過去，

徹底丟掉
不必回憶甚麼

飄葉

原載民七十三年十一月，《文藝月刊》，封面題詩

浪跡的異鄉人
孤寂、悲愴和夢
寫滿那一張
皺皺的臉

這雙
人在江湖，身不由己的
腳，盤不住泥裏的
根

我不知道

要飄向那裏
故鄉啊
你在何處

舊木箱

民國六十七年，馬祖高登；民國八十七年，在臺灣大學重修

這口舊木箱裝滿著夢和
家鄉
跟著我
流浪

有一回我打開家鄉
赫然發現驕傲矗立的大廈在欺壓童年的小屋
我險些把故鄉當他鄉
還好，木箱認得故鄉

時間是站在路兩旁的電線桿

時針和分針拼命的比快
每回從他鄉趕回故鄉
時間就一個個快速往後跑
就這樣，我趕的直不起腰

有一年，我拎著舊木箱趕著要回鄉
路過鎮外土地公家門口
忽然聽到一聲叫：
除了晚風徐徐，白楊樹飄飄
就祇看到月娘在笑

後記：

詩

民國八十八年作

是我無性生殖的傳承
繁衍後代的優質品種
當我退化成一隻猿
你是原來的我
當我走進歷史
你依然故我
有你，我就搞定

漂泊之歌

民國六十九年作，民國九十年重修

立冬後，細雨濛濛
拎起媽媽一早打好的包包
踏上一條未走過的路
泥濘一灘灘
能見度仍低，看不到遠處
我的天涯

這天，壓書上大雪，不冷
尋夢的孩子，好冷
沏一壺熱茶
也溫一溫冰冷的夢

祇要做自己的掌門
定有一絲星光自黯黕的生命中爆出

三月，大寒栗烈已極
孤冷的街上
祇見香菸的微火
繚繚、緲緲
此外，一切都冷如
江湖夜雨
祇有路燈向寒街訴説他的寂寞、孤獨

這年似乎是個好預兆
你抖落一身塵土
一頭栽進人海中
不見了人影
想必你在那裏發跡

果然不出兩年就發現你

高坐太師椅上
蹺二郎腿
抽三五牌香煙和喝XO

見你在雲端起高樓
風吹破了雲，樓又塌了
哭祭昨日是無用的
記取初始的宏願
坐下來，我取陽光泡一壺茶
讓我溫暖你的心

過冬後，寒雨飄飄的早晨
拎起媽媽昨天打好的包包
再出發，能見度較佳

遠處
是你的天涯

【輯七：江湖夜雨十年燈】

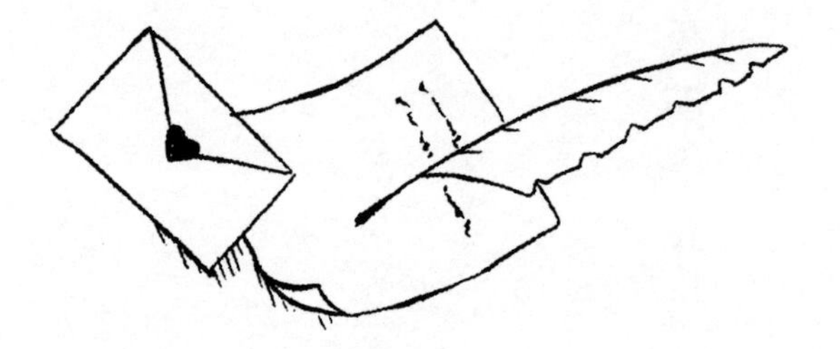

江湖夜雨十年燈：評詩人范揚松近十年作品（一九九一－二〇〇二）

載《葡萄園詩刊》，民國九十一年，春季號，第一百五十三期

詩人兼企業顧問經營名家范揚松先生，一九五八年生，臺灣新竹人。國立交通大學管理科學所博士研究，管理碩士。歷任公民營事業執行副總、總經理，《現代管理》月刊總編輯。現任大人物管理顧問公司總經理、金臺灣出版社事業社長兼發行人。除企業經營管理方面著作甚豐外，也勤於現代詩的創作，曾獲兩屆文藝金像獎、優秀青年詩人獎、香港徵詩冠軍獎。出版詩集《俠的身世》、《帶你走過大地》、《木偶劇團》等。

從前述的簡歷看，也難怪揚松獲選為當代新竹七位詩人之一，相關評論載入地方文獻中。因此，要我評揚松的詩，無異是「孔老面前賣文章、孫武面前論戰略」，但以我與之於相交數年，卻是義不容辭也擬藉此深剖挖掘揚松的內心界。

依據現代詩評析「行規」觀之，詩的組成要素：聲音、意象和語法結構三者①：三者之中以「意象」最能引人入「思」，特別是意象是否明確動人？意境是否含蓄高雅？再擴大詩評的範圍，也應包涵表現題材、技巧（即意象、節奏、語法）、詩人思想探源、作品特質和定

位、個人賞鑑感受②；此外，對單篇作品研究標準，除前述「詩評行規」外，全詩的主題與意象為何？二者是否相輔相成？貼切自然？也是評賞一首詩的重點③；以上是從橫向觀察對範詩的，賞析評鑑標準。

還有，本文僅針對詩人近十年（一九九一—二〇〇一）的作品，試圖從各個角度評其詩藝。這十年正好是揚松從而立之年到不惑之後的轉換歲月，是人生過狂飆青春後，步向沈穩圓融的階段，在事業戰場上從上班族轉型成為創業經營者，無怨無悔或無恨交加地投入紅塵世界，這種心路歷程對詩的材、意象、特質有深刻的影響，我把這方面稱為縱向觀察。

合橫、縱兩向的觀察指標，這「江湖夜雨十年燈」分成七個部分提出拙見，並就教於詩壇先進、前輩，與詩人朋友揚松共勉。

一、從上班族轉為創業經營的內心轉折

活在這世界上每個人都要有一份「正當工作」，我想絕大多數人是同意的，「寫詩不能當飯吃」，縱使詩人也不得不同意這個看法，能像周夢蝶那樣的苦行者，靠「還魂草」就能不食人間煙火，成為永生的禪佛，大體上是絕版了。詩人揚松從上班族變成創業經營者後，經常像「空中飛人」一樣，在港、臺、大陸與世界各地奔走。詩保留下這些足跡與回憶，如〈年輪記事〉、〈北迴航線〉、〈飛向花蓮〉、〈地圖〉、〈為自己出征〉、〈紋綢上身〉

等，都有刻骨銘心的記錄。

崎嶇小道自眼底幅射而去
孤絕的礁岩，兀立峭岸戍守
日夜忍愛海嘯與霜蝕，赫赫然

〈北迴航線〉

路，在等高線的錯愕裏迷失
我仍守著辯讀著地圖的線索
而地圖，在不成山水的風景裏
衰敗：風景則在紛歧詭譎的
想像中，搖——搖——欲——墜

我驚魂未定急急彈指搜尋進入
跫音漸渺的路徑，喪亂已極……

〈地圖〉

〈紋網上身(二)〉

在「崎嶇小道」、「孤絕的礁岩」、「等高線」的意象中，明確的傾訴出「事業不好做、江湖不好混」，時時刻刻受到客觀環境的「霜蝕」，一不留神就會陷入「搖—搖—欲—墜」的困境，真是「商場處處是陷阱、江湖步步有殺機。」儘管表達方式是一首詩，也是寫實，甚是實證。

不過，文學藝術本來不是真實的敘述而是意境的營造，且所欲營造的意境，無論是真是善是美，是婉約是奇是恬澹，總歸是無限④。既然「無限」，就是不可言傳，不可寫實，更不可能實證的，如千古名句「白髮三千丈」、「黃河之水天上來」，揚松的詩也有無限，或已接近無限：

痛楚，宛然成為生命情調的抉擇
碑如歲月　一種昂然獨立的存在

〈歲月如碑〉

走過唐宋，走過民國，走過

後現代，走過仲夏，走過薄春
輕聲說，天色已黯為何不點燈
燈在心田，照著明日的途程

〈點燈〉

年輪霍霍旋轉，橙橘色的輪迴呵
研磨著苦澀汁液，淬取出最後的
淚水，隔著火勢熊熊而辯論滔滔
自己就嚎啕，瓷染在命與運之間
一副難以辨讀的潑墨——心情

〈焚燒的旅程〉

詩中「碑」、「燈」和「輪迴」意象，都打破了時空限界，有了永恆與無限。「碑」象征獨立、堅定和恆久不壞，而且是真實的存在。「燈」就可虛可實了，但萬古如長夜，須要有人不斷點燈，當然有人（如孔子、柏拉圖等）是不滅的燈，明照千秋萬世。

從上班族轉為創業經營者，在詩人的年歲成長中，也正好是狂飆青春到沈穩中年，人事歷練日趨成熟，性情與行事風格慢慢的由峭直崢嶸變化成圓融謙虛，在「為自己出征」這首詩很有趣的訴說這段故事，隱隱約約中似乎詩人有過「大起大落」，而且想要出家的念頭。在詩的首段是青春正盛的告白：

甲胄熠熠閃著傲氣，森森然——
劍光寒冽地刺向蒼穹，揮舞著
面具裏臉龐，可依舊對抗歲月
抑或在嘲諷中剝蝕，如岩壁般
一聲愛與意志在對峙中決裂

月，但是一陣撕殺後呢？在「愛與意志對峙中決裂」，甚至可能有過大失敗，包含事業和感情產生重大危機，詩人一度想要退卻，退出人生與事業的戰場，因為：

夢想，在犬儒主義論辯中老去
情愛種種已化作亂石累累矣——

所幸，詩人心未死，反省能力也不錯，自我療傷功能尚屬完整，他開始從失敗中學習、蛻變：

你趺坐於沈默最深處，傾聽
年輪旋轉，花開花落的聲音
激亢，或者溫軟的節拍，竟是
心內的對話，啊沈默乃真學習開端
自負的盔甲已自沈默中脫落

當自負的盔甲脫落後，可以說從青年到中年的轉型是成功的。但轉型成功並不表示此後的事業一定平步青雲而鴻圖大展，因為客觀環境並未改變，江湖依然險惡，「為自己出征」如此收尾，給自己警示勉勵：

有斷崖壁，有瘴厲蛇蠍
有節奏狂亂的舞蹈與儀式
忽隱乍現，不斷地逗引著

你執意穿越斑駁面具而去
穿越重重迷霧，為自己出征

或許，這就是成熟的轉變，山不動我動，山不變我變，我變得更圓融、謙虛而有內涵，但旅途上的迷霧或蛇蠍都依舊環伺四週，你可以自信面對，處理的更好。切記！上帝還是不保證你下一步會成功。

二、理想的張力被現實壓縮後的流放與淬勵成長

理想與現實鐵定有距離的，甚至是衝突的，幾乎所有的人都活在這種距離落差與衝突對立之間，找尋或被流放到某一個位置：退卻、疏離、絕世，或重生、轉進，再就攻擊發起線！看你用何種心態處之。總之就是要拉近理想與現實的距離，把落差都「流放」掉。此種事詩人表現的愛情觀就是「嚴謹與浪漫之間」，當詩人想要的「浪漫與美麗」不可得（也許不存在）；欣賞的對象祇好放在「嚴謹與浪漫之間」了：

一匹獸，潛伏在嚴峻的岩層裏
默默承受整座山的重量，默默

睜裂瞳孔，望穿熙攘的綠女紅男
以及流溢四處，屬於金權城市的慾望

天啊！「這匹獸」好可憐！如同孫悟空被硬生生的制壓在五指山下，看著世間男女在玩權力、地位與愛情的遊戲。終於，「獸」不想固守嚴謹，也想要浪漫一下：

一匹獸，想著奔馳山林曠野的姿勢
狂飆的蹄聲，踩過風踩過雲，踩過
自己恣肆的髮，一種速度的引爆
在山巔海湄，在愛慾波洶湧中

獸終於掐脫現實的制壓，得到自由，實現想要的理想。但是，獸真的徹底解放了嗎？完全擺脫束縛（嚴謹：倫理、道德與規範）了嗎？

一匹獸，繫著瑯璫卻鏽蝕的鎖鍊
在鞭響與喝斥聲中，竭力演出高難度

動作：躍上、跳下、兼傾斜地旋轉

果然是獸自己不願意把自己徹底解放，注意「鏽蝕的鎖鍊」這個意象，根本鎖不住一匹獸，祇是這匹獸寧可戴著一副「鏽蝕的鎖鍊」（嚴謹：倫理、道德、婚姻、人際關係等），而這些「嚴謹」，其實已經鏽蝕、殘存無幾了，獸為甚麼還要抑殘守缺呢？把這些鏽蝕殘缺全部都丟掉，理想便可以完全擴張，現實被完全掙脫，要自由有自由，要愛慾有愛慾。這匹獸不想、不能也不願這樣。因為：

一匹獸，令人敬仰又馴服的獸，呵呵
人人稱牠為「嚴謹的浪漫主義者」

這匹獸是誰？是詩人，是你我，是雲雲眾生。人原是「一匹獸」，但必須戴上「鏽蝕的鎖鍊」，有理想但不能解放，有浪漫但要嚴謹，獸就變成人；反之，把鏽蝕的鎖鍊全都解除，人就真正成了禽獸。「與浪漫之間」這首詩，「鏽蝕的鎖鍊」和「獸」是兩個很高明的意象，生動、明確而豐富，且用詞簡潔，象徵著人這種生物，天生就在理想與現實間掙扎，在人與獸之間來回纏鬥，詩人就是在這纏鬥的過程中淬勵成長，成為令人敬仰的「嚴謹的浪漫主義者」。

用「獸」入詩的詩人極少見，前輩詩人楊牧的「孤獨」也是一匹獸，用獸暗喻人生的寂寞孤獨，訴說內凡積鬱不暢的壘塊（也是理想現實壓縮的結果）：

孤獨是一匹衰老的獸
潛伏在我亂石磊的心裏
……
進入這冷酒之中，我舉杯就唇
慈祥的把他送回心裏⑤

楊牧那隻孤獨的老獸和揚松這匹獸，兩獸相隔三十多年，頗有「古今相映」之妙。要當一個「嚴謹的浪漫主義者」，就得承擔孤獨。揚松倩這種現實與理想的衝突之美，在其他詩還有，例如：

青春的臉龐有著蒼邁的身影，以及
美麗的假面裏有腐敗的真實，以及

愛情與慾望相互交媾繁衍，而且
飛翔與墮落同時孕育著夢想，而且
貧瘠與富饒間隱喻著可能，而且
在大覆滅之下，猶有希望的新芽

〈歲月如碑〉

揚松的詩在用詞和意象營造上，都善於舖展這種衝突，使之產生對比之美，不管論人生體驗，或哲學式的陳述，或詩意醞釀都稱得上佳構。

三、內心世界最後的淨土：詩人兼愛情理想國的國王

這個標題原是「理想的張力與現實的壓縮」間要如何流放的問題，但因揚松「十年夜雨」中有多帖以愛情為主題的詩。李芳齡先生作揚松第一本詩集「俠的身世」序時，特別指說：寫詩的人身邊，不能缺少兩樣東西，酒和愛情⑥。本文後面有酒，此處先走進揚松的「愛情理想國」中，窺探他「當選」甚麼角色！

紅塵世界中的男女都在追一個紅粉知己，尤其詩人的情愛更提高品質達到極限，在這近十年傳燈寫詩中經常表達出此種渴望。如〈點燈〉、〈嚴謹與浪漫之間〉、〈十二點鐘的位

置〉、〈以G為中心〉及〈胡適與韋蓮司〉系列。⑥

燈在你我之間，隔著此時的聲影
回首相望，你在慌亂中散髮而來
我凝神探望，彷彿前世的女子

〈點燈〉

我悄然出走，潛入共同秘密國度
編織著暗號腹語，逃離死亡封鎖線
啊你是最後的淨土，戰爭與謠言
已放逐邊界；我們守護著小小江山

〈光影——代胡適致韋蓮司〉

澀苦甘甜，是你離別時的不捨
怔仲之間，疑似歸來叩門聲
火的熱度以燒然的痛，襲向指尖

指尖，將心底的苦一一揪起

〈水泡——代韋蓮司致胡適〉

不錯，詩人的紅粉知己是存在的，但在今生今世所擁有的愛情是很短的，如「優曇缽花，時一現耳」。用「光影」與「水泡」兩個意象，詮釋詩人的愛情觀，真是貼切並合「時代精神」。還是那個「前世的女子」纔是詩人心中的寶貝，但那祇存在「前世」。祇是今世還是必須有所愛，退而求其次祇在「嚴謹與浪漫之間」，這其實是苦多於樂，雖然祇有一點點滿足，詩人在愛情理想國度裏，正是「最後的淨土」，他和紅粉知己「守護著小小江山」，詩人依然「當選」愛情理想國的國王。

身為理想國的國王，當然不能空有形而上的「愛」，也要有形而下的「性」來支持。在〈秋的邊緣〉、〈為自己出征〉、〈歲月如碑〉、〈紋綢上身〉、〈嚴謹與浪漫之濁〉、〈十二點鐘的位置〉、〈以G為中心〉、〈等待一個悸動〉等詩，者或顯或隱有性愛的暗示。

你笑聲蕩漾，不斷逗引、侵犯神的旨意
我桀驁獨裁，用王者之霸統治這遍山河

你默然無語，僅僅領會、拈花、微笑

〈十二點鐘的位置〉

這首詩用詞精準，意象鮮明動人，對性愛過程的象徵性描述具有「致命的吸引力」，讀之者亦有身歷其的感受，一個是「笑聲蕩漾」，一個是「用王者之霸統治這遍山河」（對方的胴體和一切），最後在「領首、拈花、微笑」中結束。爽啊！詩人真是快樂的不得了！還有：

引擎聲，狂嘯地吶喊、爆裂
在天體腹腔，在翻騰的雲海裏
穿梭，時空則在慾望的航程中倒錯
變身。我們飛行，正向交媾的仰角
修正彼此視線，然後企圖佔據整個想像

〈以G爲中心〉

這個「爆裂」、「翻騰」、「正向交媾」都可以會意不能言傳；祇能具象感知，不能單獨剖析。從「十二點鐘的位置」到「以G為中心」，不僅性愛氣氛營造和扣人心弦，且節奏感十足，「起承轉合」恰到好處，也寫到妙處。

四、從情極昂揚的苦樂世界提煉出篇篇細緻的詩文

我們所處的世界是一個情極昂揚，到處充斥著割裂的信仰，被肢解的意識形態，以及種種天災人禍所造成的苦難，似乎先哲們說能了「人生不如意十之八九」，舉目所盡是骯髒齷齪，連活下去都須要勇氣，那來閒情作詩呢？詩人乃透過詩意展現對社會的關懷，以及對無恥政客導至政局動亂的深刻批判力。記二〇〇一年蛇年之初〈春光乍現〉：

糾纏取暖又相互咬噬的雙頭蛇
潛伏在每個政客虛矯身段裏
瘟疫般，腐蝕著期望的眼神
表情僵硬，仍儼然作之君作之師
巨大魅影如乾冷氣團籠罩全臺
那蛇蝎逕自五臟六腑，愴惶竄出

〈春光乍現〉

此處「蛇蠍」、「魅影」、「瘟疫」及「雙頭蛇」應是暗喻新舊政府相互較勁，更影射政治惡鬥是社會的亂源。「雙頭蛇」則也可能暗諷「雙首長制」的不可行，或朝野「兩頭」，各搞各的主張。用這四個意象指涉新舊政權交替階段景氣肅條，民心渙散，人人自危，但就是這種深刻批判力纔有警告世人的作用。

到了二〇〇一年〈五二〇新政府週年誌〉，詩人再提「董狐之筆」，以大無畏的精神批判新政府的腐敗與墮落。

刀鋒邊緣，魍魎身影自鋼索上
竄逃；我匍伏地前進，貼耳控聽
……潘朵拉寶盒裏，個個展現妖魔身段
上空秀、露臂裝、亢奮的搖頭丸
把金光的鋼管圍住，猛烈的猥褻
據悉：在凱達格籃大道將達高潮

〈聽見，夏天在唱歌〉

「刀鋒邊緣」的意象應很明確，指政客游走於戰爭與和平邊緣的路線，「急統」、「急獨」都是走不通的，因為「魍魎身影自鋼索上竄逃」是遲早的事，那為甚麼許多人仍拿臺獨或五星旗吶喊呢？又因為這些都祇是一場「秀」，如「上空秀、露臂裝、搖頭丸」，是演給人民看的，演員祇想從秀場中取利（權力和職位）。其他如〈點燈〉有翔中國大歷史發展之意，〈不是幻覺〉是「九一一事件」的記錄和反省。

一個社會科學者所提一篇論文和詩人提一首詩，僅管可以都批判時局。惟前者可以止於批判，但後者是不夠，因為後者是詩人，「詩要有詩的樣子」。揚松前面那批判政治現象的詩，除有深刻批判力外，也是一首很美的詩，意象明確生動，比喻適切，想象空間無限，佈局新奇，一個情極昂揚的苦樂世界，讓揚松一提煉，便產出篇篇優美可人的詩作，在無趣的生活中加些詩味，日子也好過些。

五、意象營造看詩人心中的桃花源：範詩中八個重要意象

綜合觀察「江湖夜雨十年燈」的詩作，使用最多的意象是「燈」、「光影」、「碑」、「山」、「年輪」、「酒」、「鬼」和「愛」等八個。意象是詩的品質，也表現詩人性格上的物質，可以由此解析詩人的內心世界及其對客觀世界的感悟，以下按使用率從高到低依序論之。

最高是「光影」意象：有〈年輪記事〉、〈緣故〉、〈為自己出征〉、〈歲月如碑〉、

〈紋綢上身㈠〉、〈傾斜四十五度〉、〈以G為中心〉、〈光景——胡適致韋蓮司〉、〈焚燒的旅程〉、〈魚與雁〉、〈水泡〉、〈午後有雷陣雨〉等十二首詩作。「光影」營造出怎樣的世界呢？是虛幻的，詩人世界為何有這麼多的虛幻呢？該不會是「四大皆空」了吧（我未去求證）！然而，就在這忽明忽滅處，一幅幅絕對的意境顯現，如菩薩顯像，永恆便已鑄成。之後，何須再去計較有生是虛是實？何須在意這世界有多少腐敗或黑暗？

第二是「愛」的意象。儘管這個世界（社會）多麼可恨、可痛、可悲、可憐！揚松的創作仍以「對人群不止息的愛，對鄉土熱烈的關懷」為出發點，詩人自己也說過「沒有愛情就沒有好詩」的話⑧。因此，在〈年記事〉、〈飛向花蓮〉、〈為自己出征〉、〈歲月如碑〉、〈以閱讀之名〉、〈嚴謹與浪漫之間〉、〈焚燒的旅程〉、〈魚與雁〉、〈光影〉、〈水泡〉和〈五二〇新政府週年誌〉等。客觀世界雖然須要嚴厲批判，也應播種愛的秧苗，愛乃自詩人心海之中洶湧澎湃用源源不息的傾流而出。

再次是屬「山」意象。如〈春天的種植〉、〈嚴謹與浪漫之間〉、〈地圖〉、〈十二點鐘的位置〉、〈傾斜四十五度〉、〈七月的祝福〉、〈北迴航線〉、〈飛向花蓮〉、〈緣故〉等。山的意象應最能代表揚鬆的個性：獨立（非離群）、堅定（非固執）、有主見（非偏見）、有思想（非意識形態）、有自信（非狂徒）的人。包括經營他的企業管理顧問、知識管理檢索系及成功系統動力模式，都能走出有特色的旅途。

第四名是「鬼」族意象。這個意象的營造顯得有些弔詭，詩人在頗多作品中都「鬼影幢幢」。雖然以「鬼」入詩古已有之，如詩經「為鬼為蜮」，楚辭亦有「山鬼」，左傳「投諸四裔，以魑魅」。但揚松的計更顯「處處有鬼」，如〈七月的祝福〉、〈不是幻覺——九一一慘案這一幕〉、〈春天的種植〉、〈春光乍現〉、〈五二〇新政府週年誌〉、〈北迴航線〉、〈秋的邊緣〉、〈焚燒的旅程〉等。真是鬼族茂盛，「江湖夜雨十年燈，九帖有鬼」。為甚麼？環視古今中外的文學作品，「鬼」入文者，不外代表黑暗、腐敗、貪污、罪惡、墮落等意涵。例如寫創業艱困，商場險惡：

魎出沒其中，霜雪在肝膽間結晶
以多面貌折射，反覆探測此去的
真偽險巇？一遍鬱鬱密雨林

〈爲自己出征〉

爆炸霎那，鬼魅魑魅總動員
神鬼奇兵，自好來搗破鏡

〈記九一一慘案之一幕〉

但是，不知是「事實陳述」或「象徵意義」？縱使象徵，也非常「具象」的顯示，從二〇〇〇年「五二〇」新政府上臺後，鬼族最茂盛：

巨大魅影如此乾冷氣團籠罩全臺
那蛇蠍逕自五臟六腑，愴惶竄出

〈春光乍現——記二〇〇一蛇年之初〉

刀鋒邊緣，魑魅身影自鋼索上
竄逃；我匍伏地前進，貼耳探聽

〈五二〇新政府週年誌〉

在魑魅出沒處揮舞，闢開新路
淚與汗水，不斷衝洗一張張回憶

〈七月的祝福〉

這些「鬼族」意象在訴説甚麼？我想批判政壇污穢之氣，指政客們得到權力後的快速腐化和惡化、警告臺灣社會的危險如魑魅魍魎般可怕等意義，均兼而有之。此種警示與批判的感染力，對中國人來說「效果」很大。

另外還有「燈」、「碑」、「酒」、「年輪」四個意象，在範詩中的出現率都很高。「燈」和「光影」屬性相似，但「燈」代表明亮，有明亮的光，纔會產生「影子」，所以在因果關係上是先有「燈」，後有「光影」。燈也如光影有「虛幻」屬性，端「看點不點燈」！點亮了，就有方向、有前途，就不見「鬼」，就能國泰民安，風調雨順。所以，詩人一直想「點燈」，為自己，為情人，為社會，為國家，為前世到來生都有機會點燈，詩人真是偉大的可愛，天真的有趣。

「碑」的意象如「山」的堅定永恆，「酒」如「愛情」是詩人世界中重要的元素。比較特別的是「年輪」這個意象，代表一種變動，如虛實之轉變，光影之明滅，或者青春到中年的轉折，乃至生生世世之輪迴，詩人之眼界透視時空，他看到「大」歷史，「大」社會，而不是一域或一族的框框架架。

統合前述八個重要意象，看起來也許零落複雜，經簡化後發現這便是詩人心中那個虛實迷離的桃花源。投射到現實世界就是「江湖夜雨」，江湖路多雨又黑，夜路有「鬼」，誰來點燈？詩人，有了光明就能減少痛苦，提昇人生意義的層次。所以「詩，乃所以濾除憂傷痛苦而鍛鍊永恆的憑藉啊！這但是詩的的價值。」⑨

六、趣談范詩的「形式詩」既形式詩再議

關於現代詩的正名及形式，近代從徐志摩、胡適到餘光中等名家有過論戰，本文不必再高談理論。但有鑑於詩中一首〈不是幻覺——記九一一慘案之一幕〉的獨特性和重要性，單獨提出品賞，並與前輩詩家同款式作品做比較。記〈九一一慘案〉全詩錄下：

亮幌幌，鬼斧神工華麗奪目的雙子星，奮力拔起
高舉而旋轉曼哈頓無限蒼穹，千萬旅人伏匍朝聖
金閃閃，艷光四射帷幕玻璃狠狠地擦亮過客臉龐
刺向浩瀚的資本帝國意志在塵囂之中莊嚴聳立著

爆炸霎那，鬼魅魍魎總動員
神鬼奇兵，自好萊塢破鏡
而出，所有心臟頓時激迸
鮮血，噴灑如花瓣繽紛
在帝國主義的領空

之中，殘肢斷骸
插入每個視線
之中，驚駭
跌落意料
之外，然
後崩塌
倒下

蜂湧而至的眼瞳，憑藉微弱心跳抵抗顫慄，驚心瞪住
八十七層樓急遽下墜——下墜墮入地獄的頭顱與尖叫聲

二〇〇一、一〇、一

光看整首詩外在形式的安排，就讓人想起了二十一世紀第一年的九月十一日，美國的紐約大樓遭受賓拉登恐佈主義攻擊那一幕慘狀。而且煙火烏雲中人們真的看見了「鬼魅網魎」顯像，透過電視全世界都看見了，那種對全人類強烈的震撼警告是甚麼？是不是一切的「實

有」都可能在瞬間變成「虛無」呢？

另一首長像和九一一慘案頗多形似的詩，是前輩詩人詹冰的〈水牛圖〉，也全詩錄下：⑩

角

黑

角

擺動黑字型的臉

同心圓波紋就地擴開

等波長的橫波上

夏天的太陽樹葉在跳扭扭舞

水牛浸在水中但

不懂阿幾米得原理

角質的小括號之間

一直吹過思想的風

水牛以沈在淚中的

眼球看太空的雲
以複胃反芻寂寞
傾聽歌聲蟬聲以及無聲之聲
水牛忘卻炎熱與
時間與自己而黑然等待也許
永遠不來的東西
祇
等待等待再等待

兩詩的有趣在於「像形」，而且「水牛圖」倒過來放就像〈九一一慘案〉；〈九一一慘案〉倒放也像〈水牛圖〉。此類形式表達雖然有趣，但值不值得寫。紀弦曾有嚴厲的批判，認為是新形式主義的傾向，而且高高低低顛顛倒倒種種奇形怪狀的外貌，使得編輯老爺為之頭痛，使得排字工人無從下手，這些在「表現」上毫無必要，是魚目混珠的「偽現代詩」，應該放逐到文學的領域以外去！[11]

我想紀老前輩是言重了，看〈水牛圖〉和〈九一一慘案〉兩詩，何「偽」之有？不僅「像」而且「真」，算是「新形式」而非「新形式主義」，我以為文學藝術不論形式或內涵，都無須「定於一尊」，不妨百花齊放，正是所謂「不論白貓黑貓，會捉老鼠就是好貓。」勿論何種形式與內涵的詩，有人看，有人喜歡，就是好詩。

七、范詩的語法、旋律、想象、主題及其他

所謂「語法」，就是由「主詞→動詞→受詞（或補語）」所形成的基本結構，是合於文法並且是邏輯性的，有利於解析與直接明確的閱讀活動。在中外詩壇對「語法」的運用向來有兩個派別，一派主張多用這種合於正常文法結構的語法，一般「正常」的詩人也多用這種語法。例如戴望舒的詩，但詩人餘光中先生對這種「正常語法」評價不高，他評戴望舒的詩時就認為「太公式化」，而且每個名詞前都頂個大帽子（形容詞），太過歐化、空洞，可讀性不高，頂多祇能列於二流詩人。⑫這一派的詩人還認為形容詞在詩語言中沒有貢獻，非萬不已不用形容詞，蓋因形容詞是抽象的，而非意象的。

另有一派的詩人主張打破文法結構，多用具象名詞和具象動詞（有利於製造意象）。其作用在打破事物的因果關係，凝聚詩的張力，以期產生猶如荒謬劇般的超現實情境。國內詩壇上羅英善於使用這種「反文法」語法。⑬

揚松的詩「語法」是那一派？我想很明顯的是傾向「正常語法」派。但我也認為二分法並不適切，在各種文學作品中，散文純是正常語法，意象派的詩純是意象（不理語法），這是

兩極。此外，在詩中語法與意象是並存的。揚松的詩是如此，共同營造詩的意境，我無須再贅文舉例了。

「想像力」是詩人的煉金術，可以把現實煉成境界。如明喻、隱喻、換喻、象徵、擬人，乃至「無中生有」、「偷天換日」等，都是想像力的發揮，每一首詩都有極為寬廣的想像空間，也無須逐一列舉。

關於旋律、節奏的表現，屬「聲音之美」，具有音樂性的感受，在詩的文字中是很難表達的。我舉一個很顯的例子，是把老子《道德經》翻譯成英詩：⑭

其政悶悶，其民淳淳，
其政察察，其民缺缺。

吳經熊博士的英譯詩如下：

If a ruler is mum,mum;
The people are simple,simple
If aruler is sharp,sharp;

The people are wily,wily.

這雖是中英對照的作品，我用來說明以聲傳詩，使之產生旋律、音韻和節奏的感覺，或傳聲繪意的效果，是不容易的，審視揚松的詩，儘管一首詩的節奏還算緊密明快，但在旋覩樂音之美的表達上，則是較弱的一部份，此處「尚待精進」。

在「主題」方面，揚松的詩頗多元、多面向。寫情寫愛寫景，有人有神有鬼，關懷社會與批判時局，有「九一一慘案」的反省，從內心世界的告白到大千世界的詮釋，匯流成「江湖夜雨十年燈」的總主題。可謂「主結構嚴謹而枝葉茂盛」。

末了，再贅數言為本文結尾。我評賞範詩並不拿當代詩壇「天王級」詩人為標竿或標準，真要比較，範詩不如周夢蝶的無禪勝有禪那般意境，不如餘光中能稱「五四」以來最多產詩家，不如羅門用喻之高妙。但是，揚松是范揚松，是他自己，如他的名字「揚松」，一棵揚的松樹，不論風雨陰晴，不改其頂天立地的姿勢，向上發展，擁抱全世界。

我和揚松相識多年，我們相同處是個性主動積極，喜愛寫作。但有不同處是他寫詩有恆心，我沒有；他有理想有目標又敢衝，我已從戰場上退兵做些「紙上談兵」的業餘工作。這十年來我正由不惑邁向天命之年，對人生的體驗也頗似揚松，這一些些的共鳴，或許如黃庭堅寄黃幾復「桃李春風一杯酒，江湖夜雨十年燈」。多麼迷離！多麼的不確定！難不成年歲不夠大？領悟尚不到佳境？所以常點不著燈，使身處於虛實明滅之間。

①梅芳，《鄭愁予詩的想像世界》，臺北，萬卷樓圖書公司，民國九十年九月，初版，第一頁。

②同①，第三—七頁。

③羅青，《從徐志摩到餘光中》，臺北，爾雅出版社，民國六十八年四月五日，三版，第二百七十六—七頁。

④曾昭旭，〈光影寂滅處的永恆〉，席慕蓉，《無怨的青春》，臺北，大地出版社，民國七十七年九月，四十四版，第一百九十九頁。

⑤楊牧，《北斗行》，臺北，洪範書店，民國六十七年，第三十三—四頁，轉引③書，第一百七十七—八頁。

⑥范揚松，《俠的身世》，臺北，采風出版社，民國六十九年五月四日，初版，第九頁。

⑦胡適爲一代哲學家，十分嚴謹，留美期間與美籍女子韋蓮司交往。後奉母命回中國娶不識字的江冬秀，然而與異國女子的交誼並未因此中斷，藉書信往返五十年。從相互仰慕到年老相互關懷，至情至性，魚雁往返二百六十三封信件，近年內容已披露，由普林斯頓大學周質平教授撰成《胡適與韋蓮司》一書。揭露胡適在嚴謹與浪漫之間如何取得一個

平衡點，請畢令人低徊不已，感念甚深。想必這就是詩人范揚松欣賞的愛情觀。「魚與雁」系列的詩深值玩味。

⑧同⑥，第十頁。

⑨同④，第二百零二頁。

⑩詹冰，臺灣苗栗人，民國十年出生，〈水牛圖〉刊在《笠》詩雙月刊，民國五十五年十月十五日，第二十三頁。本文引註③，第二百六十五—二百七十二頁。

⑪同③，第三頁。

⑫余光中，《青青邊愁》，臺北，夏林含英，民國六十六年十一月，初版，第一百五十七—一百八十六頁。

⑬可看羅英詩集，《雲的捕手》，臺北，林白出版社，民國七十一年六月十五日，初版。

⑭楊耐冬，《翻擇理論與實際》，臺北，聯亞出版社，民國七十年五月十日，第二十三頁。

【輯八：三叉、向陽、嘉明湖紀行】

在天地間悠悠瀲豔的花季
妳在高處睡成一隻漂亮的眼睛
最方便向上帝傳情的姿勢

三叉、向陽、嘉明湖紀行

民國九十一年六月二十日，《臺大山訊》

緣起

今（民國九十一）年五月三到五日，本校（臺大）登山會①舉辦「三叉向陽嘉明湖」（位玉山國家公園最南邊界）登山活動。各方反應熱烈，名額早被搶報一空，可見登山會員熱情參與程度。為強化參加人員體能，早在四月二十一日就由領隊顏瑞和教授親自領軍，在新店大桶山進行「行前訓練」。針對此次名山麗水參訪盛事，筆者受邀負責撰寫紀行，與同好分享「山之鄉宴」。

這次活動由顏瑞和老師領隊，有簡振和、陳義夫、許翠芳與許顯誠四位嚮導。另有隊員賀德芬、蔡瑜、劉福華、涂美玉、顏瑞泓、高事宜、廖慶彰、張玉珠、劉健強、陳淑幸、蔡哲明、陳福成（即筆者）、賴明陽、王志強、吳雅蕾、陳曉雨、蘇荷婷、潘文菁、吳忠勳、高文章；外加「快樂登山隊」（鄭朝進、張世才，筆者爲會籍重疊者），總計全隊二十七人，均完成全程活動。以下依行程順序，詳實報導見聞觀察心得。

最艱困的第一天：重裝戰崇嶺

出發集合時間訂在五月二日晚上十點半的臺北火車站，乘十點五十九分往臺東光莒號，在池上轉遊覽車。隊員準時到達集合點，背負重裝（男生二十公斤以上，女生較少），興奮期待之情全寫在每人臉上。

午夜的火車，晃盪晃盪，窗外大多一片漆黑，車過村落時，遠處有燈光點點，大家幾時後，就要重裝挑戰大山近十個小時，所以大多閉目養神「韜光養晦」中。約四、五點間，四窗外就可看見一畦畦綠油油稻田，晨風涼爽，讓人有一種「春風正澹蕩」的感覺，這種感覺和臺北完全不一樣，「一感覺」就感覺出來，難怪假日大家都喜歡往「後花園」跑。

一夜「晃夢無痕」，就已到了池上車站。這個臺灣「後花園」中的小村鎮，晨間，寧靜、安詳，像一個慵懶的小女人，她的可愛，在熱鬧繁華的大都市中找不到，等轉車的時間，隊員都被這幅景緻吸引。幾個早起的老太太也被我們吸引，向我們投以奇異的眼光，或許她們在說「這些臺北來的老土，吃飯閒著，山有甚麼好爬！」

晨六點，遊覽車到，開始第一天的第一段行程，沿臺二十號道（南橫公路）到向陽工作站。領隊提醒大家，從向陽工作站開始重裝步行，經向陽工寮，到紮營處「避難小屋」，要仰攻山頭，很累，在車上要利用時間休息。多數隊員又進入回籠覺狀態，無心閱覽沿途風光。

約九點就到向陽工作站，這裏是林務局、公路局、警察局在向陽的辦公處所。我們稍事整隊，就起重裝出發，嚮導簡振和前鋒，老夫子陳義夫殿後收尾，領隊顏老師居中以收掌全局之效。橫在眼前先是一座不大的山，但林木森森，大夥在樹木中踏著前面的足跡，小心翼翼，山勢愈來愈陡峻，腳步愈來愈慢，隊伍愈拉愈長，背上的「行頭」愈來愈重。這段路是在樹木中繞來繞去，少見天日，故也看不到好風景。

大略走了三小時，到一處叫「向陽工寮」的地方，已是中午，隊伍在此休息及中餐，領隊宣布，此處有山泉，是唯一的水源，每人在此攜帶一公升的水，到紮營處要點交公用，並提醒隊員，從工寮到山頂稜線，是最陡、難走的一段，大家心裏要有準備。原來前面走那三小時僅是暖身，餐畢即刻又起程。這段路標高約從三千到三千四百公尺，茂密林不見了，低矮的高山箭竹和杜鵑取而代之。路陡而險，斜度平均應有六十度以上，沿途有地震後岩層崩落的亂石堆、巨木倒下檔住去路、斷崖、絕壁。領隊和嚮導不斷提醒小心，隊員相互幫忙。這段路有玉山圓析和白枯木是特有的景觀，在強風寒原、岩屑貧瘠的環境中，圓柏為求生存，展現高雅自然的造型，也是生命力的顯示。而白枯木的枯瘦和美白，在綠色山坡上，顯得尖銳突兀，像是一個絕不向四週環境低頭的孤老行者。

約下午三點，全隊苦苦支撐，終於上了稜線。視野為之開擴，稜線兩側群山重疊，盡收眼底，惟此時已開始起霧，遠山矇朧。不久到「向陽大斷崖」，霧更濃，看不到崇崖巇險！大家匆匆走過。領隊和呼導也不忘介紹附近山名，並再提醒，還有大維兩小時腳程纔到紮營處。這時大家已走了約六小時，體能消耗將盡，大夥兒靠意志力「駝」著重裝，緩步前進。約下午五點半，到達「避難小屋」（紮營處），原來是一座紅頂白牆的小屋，在向陽山麓附近。接下來是最重要的設營，「埋鍋造飯」、休息、睡覺。最艱困的一天，在此劃下快樂的句點。

不過，這天黃昏前有個小插曲。小屋附近滿地垃圾，又髒又亂，正當大夥抱怨國人「老毛病」又犯之際，一個別他的日本登山客，默默拿起袋子開始撿垃圾。這個景像看在我們裏很「刺眼」，本隊數人乃開始「配合」撿垃圾、整理環境，不出半小時，環境清新，看起來爽多了。

黃昏到晚上，最美的景觀是夕陽，再晚些就是待月、賞月、觀月，那種美感讓人清靜無欲又想入非非。由於天空無塵明潔，月有如天空煎好的荷包蛋，色，那種美感讓人清靜無欲又想入非非。由於天空無塵明潔，月有如天空煎好的荷包蛋，色香味俱全，薄薄的，一吹就破。夜，很快籠罩下來，挾著極低的溫度向你圍攻過來。到了晚上十一點多，月亮已高掛天空，皎潔如斯，柔清似水，像情人淺笑的梨窩。賞月的人，個個裏的有如一隻大熊貓，誰也看不出誰是誰！

午夜氣溫極低，約五度左右，整夜難眠，阿纔和阿進與我同睡一窩，四點不到就起來等著看日出。

最美的第二天：三叉山、嘉明湖

這是行程的第二天（五月四日）。晨五時，太陽的金光已然旭旭灑落，早餐畢，六點出時太陽已似掛在天空，這是高山和平地的差異。今天的目標是三叉山與嘉明胡，三叉山位於向陽山以東約四點五公里，標高三千四百九十四公尺；喜明湖在三叉山東方數百公尺，海拔三千二百六十公尺。輕裝輕鬆行，因此比昨日更「有心」欣賞美景。

這段路大多在向陽與三叉兩山之間的稜線上，中間經過向陽北峰（三千四百四十公尺），視野廣闊。沿路的風化石、箭竹草原、杜鵑、圓柏及各種高山植物，隊員沿路有說有笑，或偶爾休泡咖啡吃零食，在三千多公尺高山寒原上有如此享受，那種情調拙筆無法形容，未親臨者也祇能靠想像。

約九點就登上三叉山，果然「峻秀雄奇」，氣象萬千，其正北可見南雙頭山、達芬尖山，並遠觀玉山主峰；其東有連理山和新康山，尤其遠望新康山，高聳如天際壁壘；其南有舞樂山；西有向陽北峰。如此，群峰環繞，瑰麗狀闊，縱橫其上，闊心怡神。不覺以詩〈禮讚三叉山〉曰：

峻秀雄奇的尊者
芒草、箭竹匍匐整個山坡
圓柏、杜鵑點苔其間

我睥睨五嶽、三尖、十峻各大名山
瞰制新康、舞樂、向陽與達芬尖諸山長老
不是武林盟主，出算區域強權

我在此呼風喚雨
一年三百六十五天，那風，不敢不到
那雨，卻愛來不來

氣候苦寒乾燥是玉山三千以尺以上地帶的共同特徵，每年冬雪大約長達四個月，風強土薄，岩峭貧瘠，植物都要歷經「千年苦修」，纔能修成「特異功能」，以適應生存環境，人類的修行者以此為師。各種植物群多鋪伏生長，以地下根、莖過冬，蘚苔、地衣也到處繁生。在寒原下部和森林界線臨接處，有玉山圓柏、杜鵑等木本植物，因受強風影響，多為匍伏狀灌叢。

今天的三叉山附近天氣晴朗，祇有幾處峻谷間，雲霧裊裊，遠天幾朵白雲快速變化迷人的神韻與風貌。遠望使你有出塵超化之感，天地悠悠，造化神奇，我們這些親臨「見證」的登山行者也不知要如何解釋了！

在三叉山流連半小時，照相留念，就向今天最美麗的一站——嘉明湖前進。約十分鐘就遠遠看到，讓你驚為天人，一個蛋圓型的湖面，圓周約二百公尺，四週山坡青翠，水質清澈凛冽，深深徜徉在環山之中。天空晴朗，初次照見，還以為到了夢中的西湖，隱隱約約看見許仙和白娘子淒美的風景。那種美感，祇能以詩「禮讚嘉明湖」曰：

仙子刻意遺落人間，最大最美的
瓊瑤，璀燦明潔，人們永遠捧著
碧草如茵，碧海青天的家園

王母娘娘愛漂亮
美麗的瑤池，也當成

一只輕靈明潔的鏡子

美少女的小臉蛋，在萬綠叢中
不須用SK2，就已是
水嫩水嫩的晶瑩剔透

在天地間悠悠激艷的花季
妳在高處睡成一隻漂亮的眼睛
最方便向上帝傳情的姿勢

嘉明湖之美，恰似西王母仙子的明鏡或瑤池，也難怪此處不像人間似仙境，原來和仙子有點關係。②

中午大夥兒偎在嘉明湖畔，一組一組，三三兩兩，煮麵、煮咖啡、泡茶、看山、看水、閒聊、瞎掰、扯皮，流連忘返，都在愛戀著嘉明湖。中午一點，領隊督促回程，因為高山下午起霧，天氣變化較大，應早些回到紮營處纔安全。眾人對「嘉明仙子」依依不捨，回程的途中，還不斷回首遠望她的風彩。今天的兩個景點，三叉山是雄偉壯闊之美，嘉明湖是溫柔婉約之美，二者一起，像一對牽手的情人；天上、人間最美的佳話，除此之外，要去那裏找？

最輕鬆的第三天：回程順到向陽山

五月五日第三天，背包已減輕一半，又是下山，算是最輕的一天。向陽山也在回程途中，大約早晨七點，我們就上了山頂，四週白枯木林立，並與遠處的玉山主峰南北遙遙相望。山頂風大氣溫極低，大家不敢久留，都照相「存證」後就下山。在半山腰上，有許多「森氏杜鵑花」很特別，前兩日在各山也見杜鵑花，但以向陽山的最鮮艷美麗，氣味芳香，可能是「向陽」的原因吧！

下山不久就到「向陽大斷崖」，前日來時路過斷崖，有霧看不清處。回程一見，果然驚心動魄，崖勢崚贈，亂石磊磊，垂直挺拔。由於板塊運動的影響，岩層脆弱，斷層、節理、褶皺等地質構造非常發達。變質作用促使岩石劈理、片理格外明顯，也大大降低岩層抗風能力，因而形成驚險的崩崖。③臨崖俯觀嶙崟，最是讓人懾服。嚮導提醒大家，安全第一，萬勿「捨命吃河豚」。我乃「禮讚向陽山」，彰顯其力、美與險。

有白枯木站崗，有群山拱衛

與王者之尊南北遙遙相對

在寒風中，祇有杜鵑花

「愛水不怕流鼻水」④

來到向陽大斷崖，看峭立千刃

政壇、兩岸和國際，那有我險峻？

在我面前，誰敢「五到」不到

一腳踩空、踩虛、踩滑……

就拿人來祭山

行程即將結束，不免有些美中不足之處。本地區特有的動物，如鼯鼠、朱鸝（紅鶯）、熊鷹、黑熊，及楚南氏山椒魚等，都未見芳蹤。可能都怕了，躲得遠遠的，怕死我們這些終極獵殺者（人類）。這個舞臺是眾生所共有，理應共存共生，為甚麼我們人類非要獨佔，又要趕殺絕呢？我們登山之餘，也該反省吧！

「上山容易下山難」，大家下山都很小心。下到一處視野很好的半山腰⑤，回仰觀大斷崖，氣勢依然磅礡。由於山勢很陡，人如墜落的物體一般，向山下急奔。約中午十一點半，全體隊員都到達向陽工作站。稍事休息、用餐，不久遊覽車來了，上車到池上轉火車回臺北。

尾聲：幕落劇未終

一趟任務能夠「完美執行」首賴指揮官、各級幹部與全體成員的配合。在火車上，大家依然不斷回味之趟「山之饗宴」。賀德芬老師原以為自己是「磨磚成鏡」——不可能的任務。但她以「磨穿鐵硯」的精神，堅持到底，終於「磨杵成針」，完成這次登山之旅。而賴明陽醫師為大家通力合作，請全體隊員吃池上便當，大家吃得不亦樂乎！

回到臺北已是午夜，大家互道晚安。雖然很累，但覺塵襟盡滌，身心舒爽。對於今年七月的「雪山行」，我們又已開始「磨刀霍霍」。人生嘛！上山這後又一山，過了一山又一山，或許這就是「自強不息」吧！（雪山行見輯二）

後記

向陽山另有一個「不在人間」的美景——明月，尤其是在晴朗無塵的晚上，乃至午夜，月亮都有不同的美感。另見「待月向陽山」一詩。

① 「臺大登山會」是臺灣大學教職員工（含退休）組成，以登山爲主要活動的組織，目前會員一千餘人，每年排出近百檔次登山活動，成效斐然。「快樂登山隊」是筆者一群朋友另成立之登山團體，目前會長是鄭朝進先生（也參加此次活動）

② 《山海經．西山經》說，玉山是西母的管轄地，嘉明湖在玉山山系範圍內，做仙子的鏡子或瑤池，乃理所當然。

③ 玉山國家公園內尚有大峭壁、主峰下碎石坡、荖濃斷崖、父子斷崖、關山大斷崖等，都相同原因形成。

④ 臺語發音。

⑤ 仍屬向陽山麓地帶。